星で見つける あなたの 豊かさの 引き寄せかた

✷

How to Create Your Own Abundance with Three Fortune Stars

El Archeul

エルアシュール

ヒカルランド

はじめに

こんにちは。エルアシュールです。

この本を手に取ってくださってありがとうございます。

この本は2017年に出版した『魂のブループリント』（ヒカルランド）の続編としての位置付けで、「お金」や「豊かさ」に特化した内容となっています。

それは、あなたらしく豊かになる方法です。

私たちの魂は、地球に「ある目的」を持って転生してきました。

その目的は、人によって違います。

ある人は何かを創造するために、ある人は魂のつながりのある誰かと出会うために、別の人は肉体という制約の中でどこまで魂の本質を表現できるかを試すためになど、さまざまです。

また、今、転生している人々の中には、地球が次元上昇するのをサポートするライトワーカーたちもいます。

あなたの魂の目的が何であれ、地球で生きるには、魂の乗り物である肉体を休める住まいやそれを養いケアするための食料や医療などの費用もかかります。

また、生活の糧を得るための仕事に就くための学びや訓練にも金銭が必要です。

このお金や物質的な事柄を通して体験することも、魂が地球に転生し、成長する上で欠かせない要素の一つです。

私たちは大いなる創造主の一部です。

ですから、私たちは、自分たちが望む金銭や物質を創造できるはずです。

そのためには、地球の守護者である大地の女神ガイアとの共同創造が欠かせません。

女神ガイアは、地球に存在するすべての生命を育み、その営みを見守っています。

私たちが自分の内側に意識を向けながら、地に足をつけ、地球としっかりつながる（＝グラウンディングする）ことによって、私たちは、女神ガイアとともに、この地球で共同創造することができるのです。


それには、「重要なカギ」があります。

それは、地球としっかりつながると同時にあなた自身の魂の本質を表現することです。


『魂のブループリント』にも書きましたが、私たちが生まれたときの星の配置は、私たちの個性や人生傾向に影響を与えます。


あなたが誕生した瞬間の星の配置は地球で望むものを創造する方法を示しています。

それは、あなたが持って生まれた個性や魂の本質を発揮することでもあるのです。

これからますます価値観は多様化し、収入を得る方法や生き方などの選択肢が広がっていきます。

今まで以上に自由に望む豊かさを引き寄せることも可能な時代になっています。なぜなら、お金はエネルギーであり、今、私たちは波動の時代へと進んでいるからです。

お金を得るために嫌なことを我慢したり、四苦八苦する時代は終わっています。

そして、お金があってもなくても、豊かな生活をしたり、望みを叶えたりすることも可能です。

ただ、変化する時代の中で、お金や経済的な安定がない状態は、強いストレスを生み、波動を下げ、豊かさを遠ざけることにもつながりかねません。

だからこそ、自分自身を知り、自分の意識とエネルギーでいつでもお金や豊かさを創造することができれば、心も安定し、宇宙のリズムに乗って、望むものを引き寄せやすくなります。

さあ、自分を知り、富の法則を知り、あなたの魂とつながり、あなたというエネルギーをフル活用し、宇宙の無限の豊かさをあなたのもとに降ろす旅に出かけましょう！

目次

第2章　ホロスコープの解読方法　51

第4章　お金のハウスが教えるあなたのキャッシュポイント（収入に結びつく分野）

第5章　2ハウスのカスプルーラーが教える　あなたのお金を生み出す分野　217

第6章　知っていると豊かになれる宇宙とお金の法則　247

カバーデザイン　鈴木成一デザイン室
校正　麦秋アートセンター
カバー画像　mountain beetle/Shutterstock.com
iprostocks/Shutterstock.com
ホロスコープ画像提供　Astrodienst
本文仮名書体　文麗仮名（キャップス）

第1章

人生100年時代を豊かに生きるには

個人が力を持ち、豊かさも自由に手にすることができる時代の到来

私たちは一人ひとり、本当の自分を見つけるために人生という旅をしています。

その本当の自分とは「魂の自分」のことです。

しかし、地球では、私たちは魂の乗り物として「肉体」を持っています。

その肉体を保持し、それを養い、ケアし、休めるために住居を求めたり、衣服を買ったり、知性や精神を高めるためにお金や物質的なものを必要とします。

また、旅をしたり、映画を観たりするのにもお金がかかります。

この「生きていく上で物資的なものが不可欠である」ということもまた、私たちが地球という場所を選んで転生してきた目的の一つです。

それは、あなたが心の内側で描いたものがどのように外の世界に現れるかという「具現化」の実験をするためです。

これは単にお金や物質に関わることだけではありません。

あなたが体験することや人との関係などすべてです。

あなたがどんな風にイメージし、言葉を使い、エネルギーを注げば、外の世界で形を帯びて、現れるのか？

どんな思い込みや行動がそれを妨げるのか？

それらについて人生を通して知ることが、地球にやってきた目的の一つなのです。


あなたが望むものを実現するにはいくつかの法則があります。

簡単に言うと、それは、〈天と地とあなたのエネルギーが一体になること〉です。

それによって、あなたの心で描いたものが外の世界に現れてくるのです。


占星術の約2000年周期のサイクルでは、私たちは新しい時代区分である水瓶座時代に向かって進んでいます。

水瓶座は「天」や「宇宙」を司る天王星が支配星です。

水瓶座時代に進むことで、これから、ますます宇宙とのつながりが強くなっていきます。

現在は、イエス・キリストの誕生の頃に始まったとされる「信仰と救済」の魚座時代から、「自由と創造」の水瓶座時代への移行期です。

この時代区分は、地球の歳差運動がもとになっています。

これによって春分点に位置する星座が変わり、その星座の性質の影響が時代に表れてくるのです。

春分点の位置は、一つの星座を２１６０年かけて移動していきます。

30度ある一つの星座を１度ずれるのにかかる長さは72年で、２万５９２０年をかけて、春分点の位置は12星座を一周するのです。

計算上は２１６０年頃には水瓶座時代になるとされていますが、それは人類全体の意識状態がそうなるのがその頃だということで、２０２０年の冬至を過ぎたあたりから、どんどん水瓶座時代の影響は色濃く表れてきそうです。

水瓶座は、自由を愛する革新的な星座で、発明や発見、テクノロジーに関係します。

また、「個人」や「独立」を意味します。

水瓶座の一つ前の星座である山羊座は「組織」や「企業」を意味し、水瓶座はその枠や秩序から離脱することを示しています。

ミレニアム（西暦２０００年）に差し掛かる10年くらい前から、インターネットやＳＮＳが世の中に広まりはじめ、それまでなら、特権階級にある人だけが知りえていた情報がどんどんオープンになりました。

また、高い金額を出さなければ受けられなかった講座や、特別な人だけが学ぶことができた知識や論文なども、動画やインターネットを通じて自由に閲覧できるようになっています。

これによって、これまで以上に、「個人」ができることが増えています。

そう、水瓶座時代は「個人が力を持つ」世界なのです。

しかし、それには、「知恵」を使うことが重要です。

これもまた、水瓶座のキーワードです。

水瓶座の水瓶は、ギリシャ神話のトロイアの王子・ガニュメデスの掲げ持つ「水瓶」のことです。

この中には、神々の英知の源となる液体が無限に流れています。

「知恵」を使い、テクノロジーや情報を活用し、持って生まれた「個性」を発揮することによって、自由も豊かさも手にすることができるのです。

自分を知り、自分らしさを人や社会と分かち合う

ここ10年くらい多くの人が、
「自分とは何者だろう？」
という問いを持たれてきたのではないでしょうか。

それはなぜかというと、魚座時代が、画一的な生き方を求められる社会であるのに対して、水瓶座時代は、自分自身を知り、それを外に伝え、それによって他者とエネルギー交換して生きる世の中になっていくからです。

この先、人工知能に関する技術の発展とともに、「ＡＩに仕事は取って代わられる」

「これまでの職業や職種が消えていく」などと言われています。

人がするより機械が行ったほうが速い、ミスがない、効率的だというようなことは、どんどんそうなっていくでしょう。

代わりに、仕事は、自分の個性や才能を他者と分かち合うためのものになっていきます。

個性を知り、個性を発揮して、技術や能力を磨き、自由に生きるのは、心を閉ざして、自分だけの世界に生きるためではありません。

その逆です。

水瓶座のキーワードは「友愛」「仲間」。お互いの個性や独自性を尊重しながら、共存共栄するのが水瓶座時代なのです。

そして、それが心地よく、豊かに生きるカギでもあるのです。

「やりたいことが見つからない」

「情熱的に何かに取り組みたいけど、何をすれば良いのかわからない」

そうやって迷う人は多いものです。

私自身も心からやりたいことがある時期と、それを見失い、探し回る時期をこれまで何度も繰り返してきました。


そのときを振り返ると、いくつかのパターンがありました。

自分を否定し、「こんな自分でもなんとかできそうなこと」を探していたり、人間関係のストレスから離れようと、極力、自分だけで完結したりすることを考えていたのです。

つまりは、「怖れ」や「制限」の意識によって、仕事や収入源を見つけようとしていたのです。


自分自身を否定していたり、分離感が強い状態だったりすると、なかなか自分の良さや才能のありかを見つけることができません。

そして、人と何かを分かち合おうとしても、分かち合うものに自信が持てなかったり、過小評価して適切なエネルギー交換ができなくなったりしてしまいます。

また、怖れや制限は欠乏意識とつながっています。

世界には十分なものがない。だから、自分のところにも十分なお金やモノが回ってこない。そのような思い込みにつながり、実際にそれを具現化してしまいます。

私が20年以上前に鑑定を始めたときに、実感したこと。それは、

「人生って公平なんだな」

ということです。

周囲から、すごく恵まれているように思われている人であったとしても、そうであればあるほど、自分の努力や行動だけでは解決できない問題を抱えていたり、反対に、不遇な生い立ちの人が大きなチャンスをつかんだりします。

また、苦しい環境や制限の中でも支えてくれる人がいたり、救いの手が差し伸べられたりすることもあります。

占星術や運命学で「運がいい配置」や「幸運の星のもとに生まれた」というのは確かにありますが、社会的に大成功を収めている人の多くは必ずしもそれに当てはまりません。

代わりに、彼らは、占星術や運命学の示すところの「自分らしい」ことをしています。

これは私が20年以上にわたり、多くの人を鑑定してきて実感していることです。

つまりは、持って生まれた才能や資質、個性という自分に与えられたギフトをフル活用している人が成功者だったのです。

その自分の中にあるギフトに気づくためには、自分を肯定し、受け入れること。

そして、たいしたことがないと思っていたとしても、自分ができることを社会と分かち合うことです。

与えれば与えるほど豊かになる世界

「どうすれば、もっとお金を稼ぐことができるだろう」

「収入を増やすためにできることはなんだろう」

という問いを心に抱いたことはありませんか？

それに対する答えは、「与える」ものを増やすことです。


「与えるものが受け取るもの」は宇宙の絶対法則です。


水瓶座時代は宇宙の法則がこれまで以上にはっきりと働きます。

自らが放つ波動と同じものを受け取る。

愛を放てば愛が返ってくる。

奪おうとすれば、奪われる。

与えれば与えるほど、与えられる。

自分が豊かな波動を放てば、豊かさを引き寄せるのはごくごく自然なことです。

人や社会をより良くしたい。

貢献したいと考えているとき、人は、自分が全体の一部であることを知っていて、その活動を通して、本当の自分（霊魂を反映した自己）をこの地球で表現しようとしているのです。

「与える」と聞くと、すぐに寄付をしたり、無償奉仕をしたりすることを思い浮かべるかもしれません。

もちろん、それらの行為には素晴らしいパワーがあります。

しかし、経済的にも時間的にもその余裕がない人もいるでしょう。

でも、自分自身の生活や時間を犠牲にすることなく、負担にならない範囲でできることはたくさんあるはずです。

金銭や物品を誰かに与えるだけでなく、情報や知恵、経験を分かち合ったり、人に親切にしたり、勇気づけたり、ほめたり、ねぎらったりすることも「与える」ことです。

また、「与える」からといって、タダでなくてはいけないということでもありません。

必ずしも、「誰かの役に立つこと」でなくてもいいのです。

歌手やエンターテイナー、アスリートなどで高収入を得ている人たちのことを考えてみましょう。

彼らは、誰かを助けようとして歌を歌ったり、作詞作曲をしたり、スポーツをしたりしているというよりは「自分がそれをしたいから」「それが好きだから」「喜びだから」しているのではないでしょうか？

その結果、多くの人を楽しませて、喜びや感動を与え、それによって報酬を得て、富を人や社会に循環させて、さらに豊かになっているというのが、より真実に近いのです。

豊かになるために、自分を差し置いてまで人を助けたり、社会に役立ったりしなければならない、と思い込んでしまうと〈自分軸〉からそれてしまいます。

もし、あなたが収入を増やしたい、もっとお金が欲しいと思ったら、まずは、あなたが喜びを感じることで、他者と分かち合えることは何かを探してみましょう。

それが誰かを助けたり、役に立ったりすることがあればハッピーだな、くらいの感覚でいいのです。

喜びの意識状態で何かをしているとき、あなたは肉体のみのあなたではなく、自分の中の神聖な部分を通して、あらゆるものを生み出す〈宇宙の意識場〉にアクセスしながら、ものごとを行っているはずです。

その状態でいると、タイムリーな情報やあなたがしようとしていることを助けてくれる人などを、自然に引き寄せることができます。

もちろん、豊かさもやってくるのです。

「所有」する時代から「分かち合う」時代へ

占星術の20年サイクルで見ると、2000年から2020年までは、人々が物質的な豊かさと安全や安定を追い求める時代でした。

これは、社会的な秩序やルールに強い影響を与える木星と土星の会合(グレート・コンジャンクション)が牡牛座で起きたからです。

牡牛座は「所有」「価値」「金銭」「安全」「安心」に関する星座です。

この期間、日本ではＩＴバブル、長期的な不況やアベノミクスによる株価上昇、リーマンショックなどの経済変動が起こりました。

この20年サイクルの最後の年である２０２０年は、世界中でコロナウイルスによる株価の大暴落、経済、社会不安に見舞われました。

また、スマートフォンが世の中に登場し、人々がツイッターやフェイスブック、インスタグラムなどで自由に発信できるようになりました。

その一方で、アカウントの乗っ取りや個人情報やパスワードの漏洩などが頻発し、インターネットのセキュリティに対して今まで以上に慎重に対処しなければならなくなりました。

牡牛座の意味する「お金」や「モノ」「安全」に関することに集合意識が向かい、それを求めたり、それが不安や怖れをもたらす要因になったりする時代だったのです。

２０２０年の冬至の翌日、木星と土星は水瓶座で重なります。

水瓶座のキーワードは、「自由」「独立」「平等」「独創性」「発明」「発見」「改革」「突発的な変化」「科学技術」そして「友愛精神」です。

占星術の２０００年周期サイクルでも水瓶座時代に移行中で、今度は20年サイクルでも水瓶座の時代に入ります。さらにいえば、冥王星も水瓶座に進み、時代はどんどん水瓶座的になっていくのです。

牡牛座は物質的な地の星座で所有を意味するため、富を得ること＝「お金を持つ」「自分のものにする」という意味合いが生まれます。

しかし、水瓶座は、精神や知性を意味する風の星座で、利他的で仲間意識が強い星座。お金や物を「所有し続ける」ということにはそこまでこだわりません。だから、これからはお金でも物でも「共有し、循環しよう」とする意識が強くなります。

水瓶座は自由（freedom）がキーワードです。「free」には「無料」という意味もあります。

今後ますます「無料」のものがどんどん増えていきそうです。

２０１９年10月から幼児教育・保育が無償化となり、高校も所得によって就学支援金が支給されています。

ユーチューブには、有料教材と遜色ない内容の無料のノウハウ動画があふれています。

また、完全に無料ではないですが、アマゾンの「キンドル・アンリミテッド」では、和書12万冊以上が読み放題です。音楽もＬＩＮＥのスタンプも月額会費を払えば使い放題。ネットをうまく活用すれば、以前と比べればそんなにお金がたくさんなくても、望むものが手に入れられる仕組みが次々と開発されています。

家や車などのシェアリングだけでなく、洋服をレンタルしたり、使わなくなった家の駐車場を時間貸ししたりなど、ものを貸し出すサービスもどんどん増えています。

そうなると、物を所有することやお金への執着は次第に薄れ、お金のために働く人も減ってくるでしょう。

経済的に自由になるカギは「知恵」「アイデア力」「本物を見極める目」

水瓶座時代のキーワードは「自由」「独創性」。

人々は、多種多様なものの中から自分に合ったものを見つけ出し、オリジナルな世界観を表現していきます。

でも、自由で選択肢が多い時代は、どのように人生設計をするかということが悩みの種になるかもしれません。

今の日本の労働人口の49％が就いている仕事が、ＡＩやロボットに取って代わられるようになると言われる時代――やろうと思えば、できることやそのための方法があふれている世の中だからこそ「人間だからこそできることは何か」そして「何をして、どう生きるか」が問われてくるのです。

画一的な社会の中では、その中からはみ出ないように、後ろ指をさされないような生き方をしなくては、とまわりの評価を気にしなければなりませんでした。しかし、もうそういったこともかつてほど気にする必要はなくなります。

なぜなら、水瓶座は型にはまらず、自由に独自性を追求する星座だからです。

２０２０年からのこれからの20年間、常識やルールが塗り替えられていく中で、社会は加速度的に変化していきます。

そのような激動の時代の中で、安心感を得ながら豊かに暮らしていくにはどうすればいいでしょう？

それについて、あなたが生まれた瞬間の天空図であるホロスコープや、現在、天空を移行している星たちが運行する場所は、まさしく、あなたの方向性を示唆する道しるべとなるでしょう。


２００８年、破壊と再生の星・冥王星が山羊座に進みました。

山羊座は社会や仕事、大企業や組織、ビジネスの仕組みに関わる星座です。冥王星は２０２３年まで、ゆっくりと山羊座を進みながら、水瓶座時代にそぐわない社会の仕組みやビジネス形態を壊し、再構築することをうながします。これまでの社会は、多くの人がその中で、役割や責任を果たし、地位や対価としての収入を受け取っていました。

これは現在も変わっていませんが、一日の多くの時間を会社や仕事に費やしていたのが、働き方改革によって時短勤務が推奨されるようになり、副業を奨励する会社も増え、これまで以上に自由に仕事スタイルを選ぶことができるようになってきています。

また、今までは多くの人が「お金のため」に働くことを選んでいました。

しかし、インターネットを利用したり、ＬＩＮＥやフリマアプリなどの仕組みを活用したり、ポイントを貯めて欲しいものと交換したりと、必ずしも「お金」を使わなくても経済が回る仕組みができはじめています。

ほかにもユーチューバーやブロガーといった形で自分を表現しながら広告収入を得たり、電子書籍や、クリエイターが文章や画像などの創作物を投稿できるウェブサービス「note」などで、本や情報を販売したり、アート作品やオーダーメードのアクセサリーや洋服を販売したり、サイト閲覧でポイントを稼いだり……多様な方法で収入が得られるようになりました。

これも、水瓶座時代は一人ひとりがエネルギー交換する世界なので、まさしく、そのような世界が形成されつつあるために起こっていることです。

これからますます収入にまつわる多様化が進んでいくはずです。

そして、収入を得るのにこれだけさまざまな方法があるのなら、その中から自分に合った方法や自分を生かす方法さえ見つければ「お金に困る」ということはなくなります。その結果、「経済的にも自由」になるのです。

今の時点では、それをうまく生かしきれている人とそうでない人がいます。それはきっと、この選択肢の多さやインターネット上にあふれる情報の中から、本当に自分に必要なものを見つけられないことが原因でしょう。

世の中は目まぐるしく変わっています。インターネットの世界も日進月歩です。だから、数年前にはうまくいったビジネスや副業もあっという間に時代に合わなくなったり、すごい速度で世の中に広まって飽和状態になったりします。

これからもその流れはますます加速していくでしょう。

インターネット上の情報には不透明なものがたくさんあります。「ラクして稼げる」といったキャッチーなコピーに惑わされたり、詐欺に引っかかったりする人も多いと思います。

しかし、それらはインターネット特有というわけではなく、昔からあるものです。

数ある情報の中から自分に必要なものを知るには、自分を知り、何をしたいのかを明確にすることが大切です。

さまざまなツールや情報を生かすには、水瓶座の特徴である創造性やアイデア、独自性を発揮すること、そして、知恵を使うことです。

だから、お金やものよりも、「知恵」や「アイデア」「本物を見極める目」がこれからの時代は重要なのです。

お金はエネルギー化する

スピリチュアルな世界ではかねてから、お金という仕組みはいずれなくなると言われてきました。

日本でもキャッシュレス化が進んでいます。キャッシュカードや決済アプリに口座からチャージして、欲しいものと交換するようになり、お金はどんどん見えなくなっています。

水瓶座時代は個性を発揮しながら、人とエネルギー交換する時代ですが、実際、徐々にそうなりつつあります。

しかし、まだ、当分お金はあります。

それはお金や経済という仕組みがないと、自分の才能や個性を磨いて人や社会と分かち合おうという人が、まだ多くはないからです。

グレート・コンジャンクションとは木星と土星が同じ星座でぴったり重なることを指す占星術用語です。

これは20年に一度のサイクルで起こり、社会の構造や秩序、ルールが大きく変わるタイミングです。

木星は法律やルール、土星は構造や秩序に関わる星だからです。

このホロスコープ（39ページ）は２０２０年12月22日から20年間の社会的な影響を示しています。

木星と土星が重なる場所に関することが今後、社会の中で重視されたり、人々が追い求めたり、逆に悩んだり、社会問題となるポイントです。

その木星と土星は水瓶座３ハウスで重なり、そばには冥王星もあります。

3ハウスは、情報や知識、教育、コミュニケーションに関わる場所。

水瓶座も知恵や天才性に関わる星座ですので、今後、人々が関心を向け、追い求めるのは知恵や独創的な才能。

それを引き出し、育むための教育や、自分らしくいられるコミュニティや仲間やグループである、と読むことができます。

冥王星は刷新の星ですので、これまでの教育やコミュニケーションのあり方が一変することも暗示しています。

また、個人情報に関することや機密情報の漏洩や暴露、多様性の中での教育方法が悩みや社会問題となることが示唆されています。


太陽はお金の部屋（2ハウス）にあります。

これは、これからの20年間が、人々が自己表現を通して、物質や価値を生み出す時代であることを示しています。

ネット上のものや公的なサービスをうまく活用すれば、生きてはいける時代。

だからこそ、ライスワーク＝ご飯を食べるための仕事や、働くことと貨幣を等価交

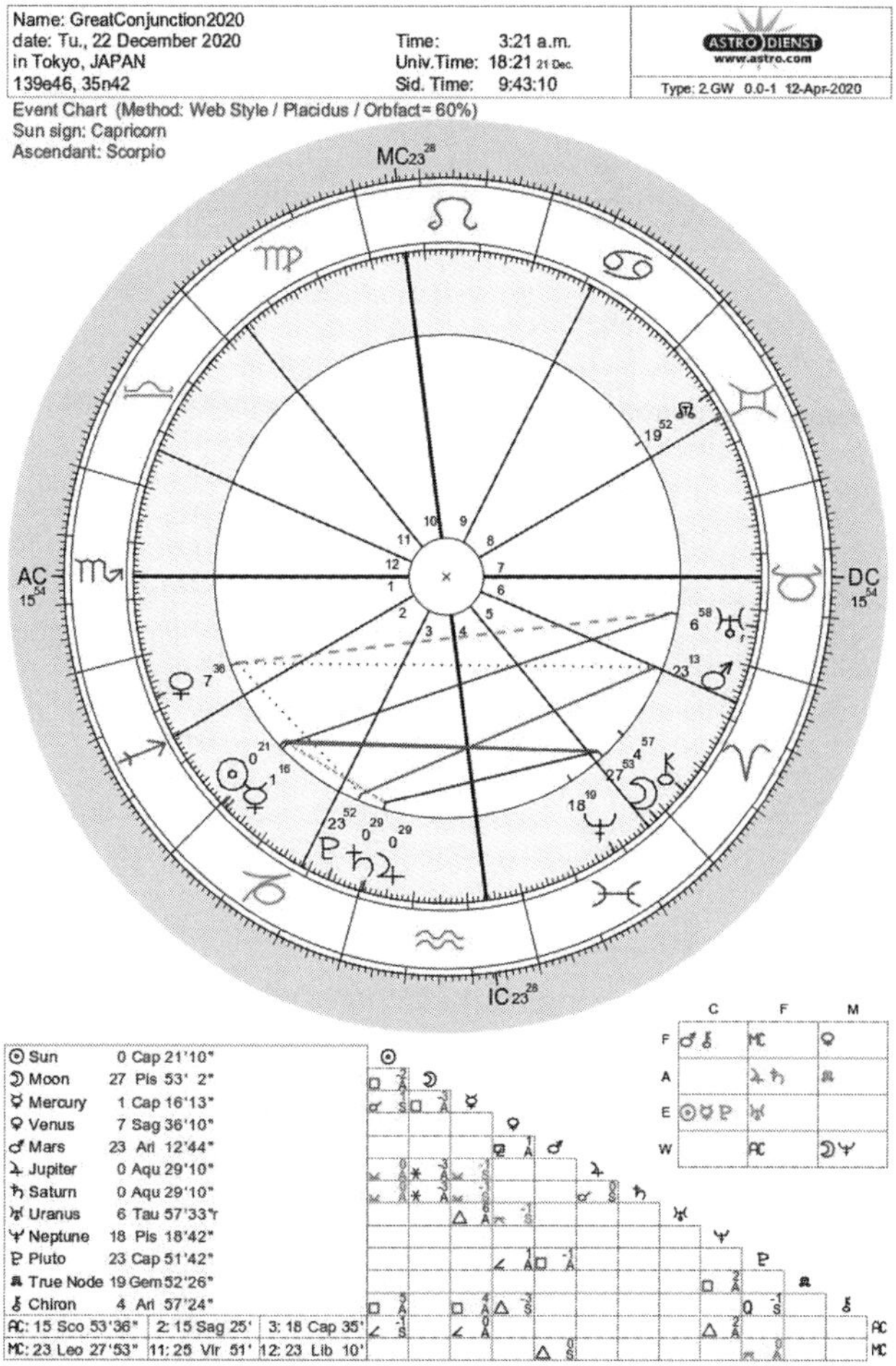
Name: GreatConjunction2020
date: Tu., 22 December 2020
in Tokyo, JAPAN
139e46, 35n42
Time: 3:21 a.m.
Univ.Time: 18:21 21 Dec.
Sid. Time: 9:43:10
ASTRO DIENST
www.astro.com
Type: 2.GW 0.0-1 12-Apr-2020
Event Chart (Method: Web Style / Placidus / Orbfact= 60%)
Sun sign: Capricorn
Ascendant: Scorpio
MC 23 28
AC 15 54
DC 15 54
IC 23 28
Sun 0 Cap 21'10"
Moon 27 Pis 53' 2"
Mercury 1 Cap 16'13"
Venus 7 Sag 36'10"
Mars 23 Ari 12'44"
Jupiter 0 Aqu 29'10"
Saturn 0 Aqu 29'10"
Uranus 6 Tau 57'33"r
Neptune 18 Pis 18'42"
Pluto 23 Cap 51'42"
True Node 19 Gem 52'26"
Chiron 4 Ari 57'24"
AC: 15 Sco 53'36"
2: 15 Sag 25'
3: 18 Cap 35'
MC: 23 Leo 27'53"
11: 25 Vir 51'
12: 23 Lib 10'
C F M
F A E W

2020年12月22日午前３時21分　東京のグレート・コンジャンクションのホロスコープ

換するような活動（＝働いたぶんの時間のお金しかもらえない）ではなく、「ライフワーク」＝自分の興味のあることを追求することや、生きがいを感じられる活動をすることで、何らかの金銭的な報酬を受け取る人が増えていくのです。

このようにして、みんなが自然に自分の才能やモノでも個性でも与え合い、エネルギー交換をするようになったとき、お金という仕組みがなくなるでしょう。それにはまだ数百年の時を必要とするかもしれません。

しかし、これから、「自分が与えた分だけ受け取る」という宇宙の法則に基づいたシステムが、経済面でよりハッキリと現れてくるようになるでしょう。

アセンション（次元上昇）とお金

ここ数年個人セッションをしていて感じること。

それは、お金から自由になってきている人はたくさんいるということです。

インターネットやSNSを使って起業したり、副業する人が増えたり、アベノミクスの株高の影響であったり、スピリチュアルでいうところのアセンション（次元上昇）や天王星が牡牛座を運行していることも関係するのか、かつては特別な仕事に就いていないと得られないような高収入を得る人が増えてきました。

先日、テレビでインターネットを使って、月収１０００万円を得ている中学生が紹介されていましたが、家で家事や子育てをしながら、一般的なサラリーマンの年収を稼ぐ方たちも少なくありません。

また、投資で一生働かなくてもいい資産を築いたり、これまで休む暇なく働いてセミリタイアされた40～50代の方から、「これからの人生、いったい何を目的に生きればいいでしょうか？」とご相談いただいたこともあります。

水瓶座時代は人間がどんどん自由になっていく世界です。

今は、ライスワークという言葉があるように、お金のために働いている人はたくさんいます。

しかし、これから、お金はあってもなくてもそれなりに生きていける世界ができていき、お金のためだけに働く人は減っていくでしょう。

といっても、お金がなくてもそれなりに生きていけるからという理由で働かないかというとそういうわけでもなく、それぞれのしたい生活をするためにお金を稼ぐようになるでしょう。

今までの常識では考えられない方法で高収入を得たり、早期にセミリタイアするほどの資産を築いたり、高収入を得たりしている方を見ていると、いくつかの傾向があります。

一つはお金というものにパワーを見出し、それを得るためにエネルギーを注ぎ込んでいること。それを得ることに一切の迷いや怖れがない方たちです。

反対に、お金を稼ぐためというより、自己実現や人生の目的、魂の使命にフォーカスして、その活動を仕事として行っている方たちもいます。

そのような方々は、自分のしている活動が好きでたまらないようです。自分の仕事に価値を見出し、多くの人と分かち合いたいと思っています。その分かち合いをすることが相手にとっても善であると信じて疑いがないのです。

だから、自分の商品やサービスを買ってもらうことに何の迷いもなく、ごく自然にセールスしたりもします。

押し売りをしているわけではなく、「こういうサービスもあるから良かったら利用してね」と伝えているだけなのです。

そして、それについて相手からどう思われるかは気にしません。

また、株式投資で一生働かなくてもいいくらいの資産を築いたある方は、株式のチャートを見るのが大好きで、そこに美しさを感じるのだそうです。

ほかには、魂の使命や人生の目的に関することをするために、資産を築いたように感じるという方もいました。

一方で、お金は潤沢にあるけれど、それを得るために嫌な仕事をしていたり、将来に不安や心配を抱えたりしている人は、自分がしていることを心から好きではなかったり、富を手にすることに怖れを抱いていたり、本当はしたいことがあっても、そこにまっすぐ進むことにためらいがあったりするように見受けられました。

自分が好きなことや人生の目的・使命に集中している状態のとき、私たちは「5次元意識」の状態にいます。

5次元意識とは、真の自分＝創造主であり、すべては自己創造であり、外の世界は、自分の内側が反映されたものであるということを認識している状態のことです。

すべては一つであり、自分も他者も宇宙の源も、すべてつながっていることを理解している意識です。

この状態になると、行動や自己表現は「創造者」としての表現であり、自分の叡智や才能を他者と分かち合おうとします。

この意識状態では、人生は魂の成長や経験のための場であり、創造主と共同創造するものになります。壮大な宇宙意識とつながっている状態なので、自分を信頼し、自分の行動に確信を持ち、必要なリソース、お金や人脈などは宇宙の計画にしたがって与えられるというパラダイムの中で生きているのです。

一方で3次元の意識とは物質中心で、おもに肉体＝自分であると考えます。

そのため、肉体を保ち、生き延びることに重きを置き、それらを基準に選択・行動します。

肉体の中に閉じ込められているため、自分に限界を感じたり、非力であるという信念を持ったりしがちです。

自分と神（創造主）とは別のもので、上と下、勝者と敗者、強者と弱者、救済する側とされる側、光と闇、ポジティブとネガティブなど、二元論的な信念を強く持ちます。

どちらか一方が良いもので、もう一方を悪いものとして、否定したり、そうなることを怖れたりします。

３次元意識は自分と源と他者を分離して考えがちです。

ちなみにその間の４次元意識は、肉体だけが自分でないことを知っていて、自分が源の一部であるということを理解しています。

精神的なことを大切にし、物質的なことと同様に重要視します。

運命や人生を創造するのは自分の思考や意識によるものであると思考では理解していますが、１００％創造できることを実感しきれていません。

多様性を認め、人々の個性や生き方を尊重しようとします。

人生や運命は定められたものではなく、自分の選択や行動の結果であるということを知っています。

そして、怖れではなく、愛に基づいた行動や選択をしていきます。

それとは違い、3次元意識は分離した意識ですから、そこで得る収入は、肉体の自分を養い、自分を保護し、自分を着飾るためのもの。

お金がないと生活できない、安心や安定を確保できない。でも、それは使うとなくなってしまうものという信念があり、その信念が現実に反映されていきます。


だから、もしあなたがお金の心配から自由になりたい、いつでも豊かさを生み出せる自分になりたい、と思うのであれば、宇宙とつながってあなた自身を表現すること。そして、喜びや愛や分かち合いの波動をあなたの内側から出すことです。


人生100年時代、老後に困らないように、人に迷惑をかけないように、野垂れ死にしないように、そのためにお金を稼ごう、貯めようというのは、分離感にもとづく3次元的な意識です。

それよりも、お金を得るうんぬんに関わらず、何か人や社会に貢献できることはないだろうか？

楽しいことを人と分かち合えないだろうか？

かつて自分が悩み苦しんだ経験を伝えることで誰かの役に立つかもしれない！

そういう思いで行動をすれば、たとえ、その相手が「参考になりました。ありがとう」と言うだけであっても、もしくはそうしたものさえなかったとしても、まわりまわって、あなたはそれに見合うものや、必要なときに必要な報酬や金銭を受け取ることができるでしょう。

それは節約して必死にお金を貯めるより、もっと利率が良く、お金だけではない幸福や喜び、そして生きがいをもたらすはずです。

豊かさを受け取るために重要な自己信頼と自己受容

地球と地球人の意識次元の上昇をうながす２０１２年のアセンションエネルギーは、人類の自己に対する意識にも変容をもたらしています。

これまでは3次元意識であったために存在した、自分のことを制限したり、たいしたことがないと否定したりする思いが薄れ、自分を尊重し、肯定し、自信を持てるようになったのです。

それは自分の中にある神聖な本質に気づいたことによるものです。

この自己肯定感や自信、自分を愛するということは「豊かさ」にも強い影響を与えます。

人と関わるのが怖い。人や社会に貢献できることなんて自分には何もない。

そういう思いは、自己否定感や自信のなさと直結しています。

そのため、こうした思いを癒やすことでもっと豊かさを引き寄せやすくなります。

たとえば、自分に苦行を課すことで収入を得ることをやめて、みずからを大切にすることを決断できたり、自分の本質を生かせる仕事や活動をすることを自分自身に許可できたりするようになります。

それによって、意識レベルも変わり、引き寄せるものも変わってきます。

また、自分を受け入れることで、人も受け入れられるようになり、他者に対して、心を開き、結果、人を勇気づけたり、サポートしたりすることがより自然にできるようになってきます。

さらに、自分を支配したり、不当な条件で働かせたりする組織や人から離れることもできるようになります。

だから、豊かさを引き寄せるためには、あなたがあなたを受け入れ、あなた自身の価値を認めること、あなたを信頼するようになることが重要なのです。


では、いったいどのようにすれば、自分を認め、自分の価値を見出し、信頼感を高めることができるようになるでしょう？

それにはあなたの持って生まれた星のエネルギーを使うことです。


「億万長者は占星術を信じないが、大富豪は活用する」

モルガン財閥の創始者であり、アメリカの金融王のＪ・Ｐ・モルガンの言葉です。

億万長者（ミリオネア）は、資産を１００万ドル持つ人のことを指し、大富豪（ビリオネア）は、資産を10億ドル持つ人を指すそうです。

大富豪はどのように占星術を活用しているのでしょうか？　星のリズムや運気の流

れに沿って行動しているのかもしれません。

しかし、それだけではありません。

宇宙の法則の一つに、「万物照応の法則」があります。「下のものは上のもののごとく、上のものは下のもののごとし」という錬金術の奥義に書かれている法則です。

この法則は天空の星の配置と地上で起きる出来事は影響し合い、相似するという考えを伝えています。これは、古代神秘思想の基本的な概念であり、錬金術や占星術などの理論的な支柱でもあります。

私たちが生まれた瞬間の星の配置と、私たちの性質や個性、この地球に存在する目的は相互に呼応しています。

つまり、生まれた瞬間に天から授かった才能や個性を地球で発揮するということは、宇宙のエネルギーを地上におろすことでもあるのです。

私がホロスコープを見た多くのビリオネアたちは、星のパワーを見事に地上で体現していました。だからこそ彼らは大富豪になったのです。それはつまり、自分を知り、自分の運命を受け入れ、天と地とつながって生きるということです。

第2章

ホロスコープの解読方法

それでは、ここからは、さまざまな選択肢や働き方、生き方がある中であなたに合った豊かさを得る方法についてお伝えしていきます。

「豊かさ」という言葉にはいろいろな意味があります。

お金やものが豊富にある状態、幸福感や満ち足りた状態、余裕やゆとりがある状態。ここでは、「豊かさ」の中でもお金や富を築くという意味にとくにフォーカスしていきます。

それらは経済的な「自由」や選択の可能性をもたらすと同時に、水瓶座時代への移行期の重要なテーマの一つでもあるからです。

人それぞれお金や富を築く方法は異なります。

その方法は、あなたが生まれた瞬間の天空図であるネータルホロスコープ（出生図）を参照しながら読み解いていくことができます。

本章ではホロスコープ解読のための基本的な知識をお伝えします。

ホロスコープの作り方

ホロスコープを作るには専門のソフトを使うか、インターネットのサイトを利用する方法があります。

インターネットで「ホロスコープ　無料」と検索すると、ホロスコープを作成できるいくつものサイトが出てきますので、その中から使いやすそうなものを選びましょう。

ホロスコープを作成するためには、

●生年月日
●出生時間
●出生地の緯度経度（サイトによっては出生地を選択するだけでできるものもあります）

が必要です。

1．出生時間がわかっている場合

ここでは占星術情報サイト「Astrodienst」（アストロディーンスト）さんのページで無料でホロスコープを作成する方法をご紹介します（58〜59ページの図もご参照ください）。

（1）「Astrodienst」の「出生データの入力」ページにアクセスしてください。

https://www.astro.com/cgi/ade.cgi?lang=j

（2）ご自分の「名前」、「姓」（入力しなくても可）、「性別」、「誕生日」、「（誕生）時」、「（誕生）国」、「出生地（市町村）」を入力して、「続ける」をクリックします。

(3) 次のページ「ホロスコープ各種チャート作成」で「出生図、上昇点(アセンダント)」をクリックします。

(4) あなたのネータルホロスコープ(出生図)が表示されます。そちらを参照しながら、本書を読み進めてください。

2. 出生時間がわからない場合

出生時間がわからない方でも、「ソーラーサイン」というハウスシステムを使ってホロスコープを作ることができます。

これは、太陽のある星座を1ハウスとみなし、30度ずつ均等に12ハウスを分割した方法です。

雑誌の占いを書くときに使う手法であり、とくに社会運はソーラーサインハウスの影響が出やすいと言われていますので、お金と豊かさについて読み解く場合参考になると思います。

このハウスシステムでは、アセンダントは太陽星座と同じものになり、MCは3つ前の星座になります。

たとえば、太陽が射手座であれば、MCは乙女座です。射手座の一つ前は蠍座、2つ前は天秤座、三つ前は乙女座です。

また、月は一つの星座を2・5日かけて移動するため、同じ日に生まれても、出生時間によって異なる場合があり、ソーラーサイン（正午を仮の出生時刻としている）で算出すると、実際とは異なる場合があります。

出生時間が不明な方で月の度数が0度〜6度の方は一つ前の星座に、24度〜29度の方は一つ後の星座に月の星座が位置する可能性があります。

たとえば、正午の時点で月が双子座2度にある場合、その日の未明や明け方生まれの場合は一つ前の牡牛座が月星座になるのです。

その場合は両方の星座の可能性を考えましょう。

出生時間が判明している方も、ソーラーサインで出したホロスコープを読み解くと、また新たな示唆が得られるのでお勧めです。

ここでは、「nut's wheel★お手軽ホロスコープ作成★」さんのページでソーラーサインのホロスコープを作成する方法をご紹介します(60ページの図もご参照ください)。

(1)「nut's wheel★お手軽ホロスコープ作成★」のホロスコープ作成ページにアクセスします。

http://nut.sakura.ne.jp/wheel/horo.html

(2)「設定」の「ハウス」で「ソーラーサイン」を選択し、「□ハウス番号表示」にチェックを入れます。

(3)「名前」にお名前を、「日時」に出生年月日を入力し、「□時刻不明」にチェックを入れます。

(4)「チャート作成」をクリックして、ホロスコープを出します。

出生時間がわかる場合のホロスコープ作成方法（使用ページ：Astrodienst）

（1）出生データを入力します。

【例】テスト花子さん（女性）
1980年１月１日 20：00生まれ
出生地（市町村）：千代田区

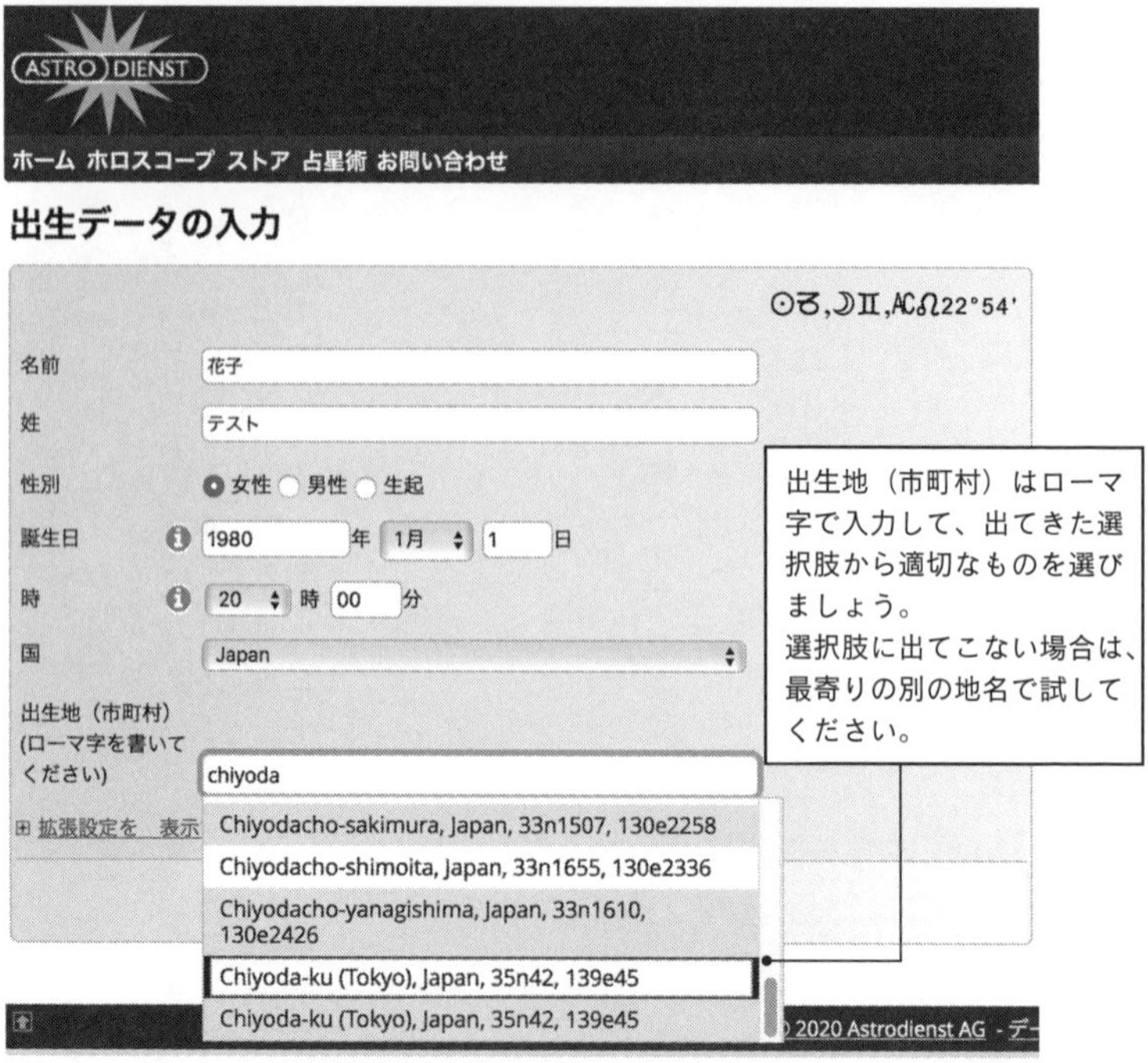

（2）入力が終わったら「続ける」をクリックします。

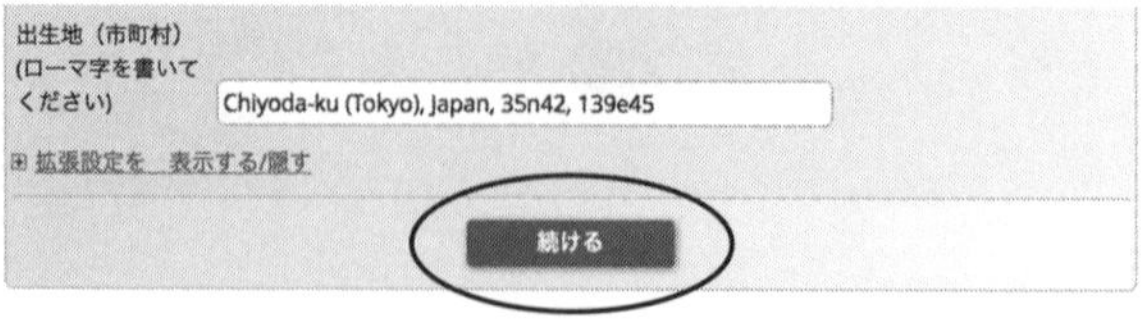

（3）次のページで「出生図、上昇点（アセンダント）」をクリックします。

（4）ホロスコープが出力されます。
※円の中央部分に記されている１～12の数字がハウスの番号です。

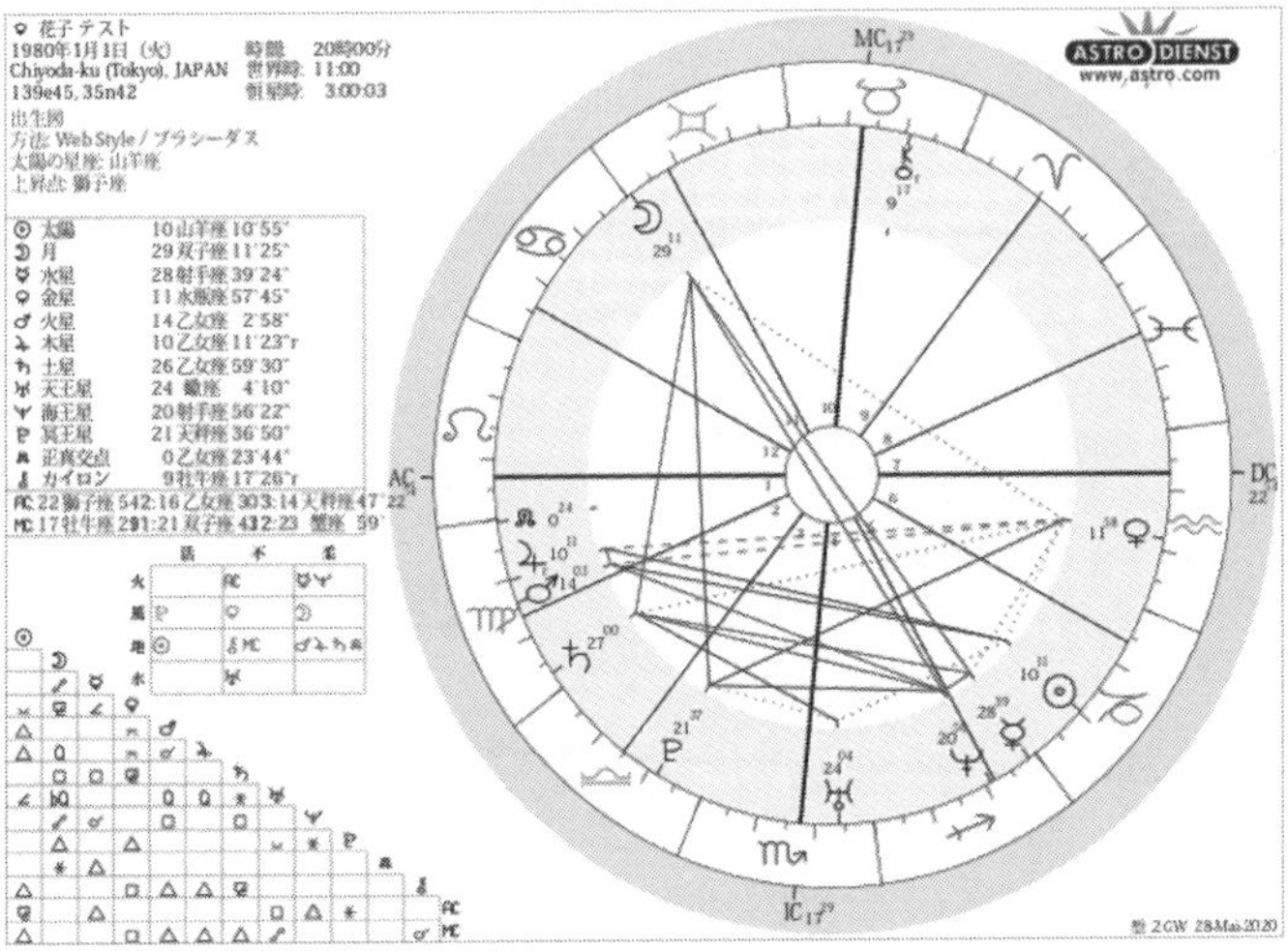

ソーラーサインによるホロスコープのサンプル
（使用ページ：nut's wheel）

※円の中央部分に記されている１～12の数字がハウスの番号です。

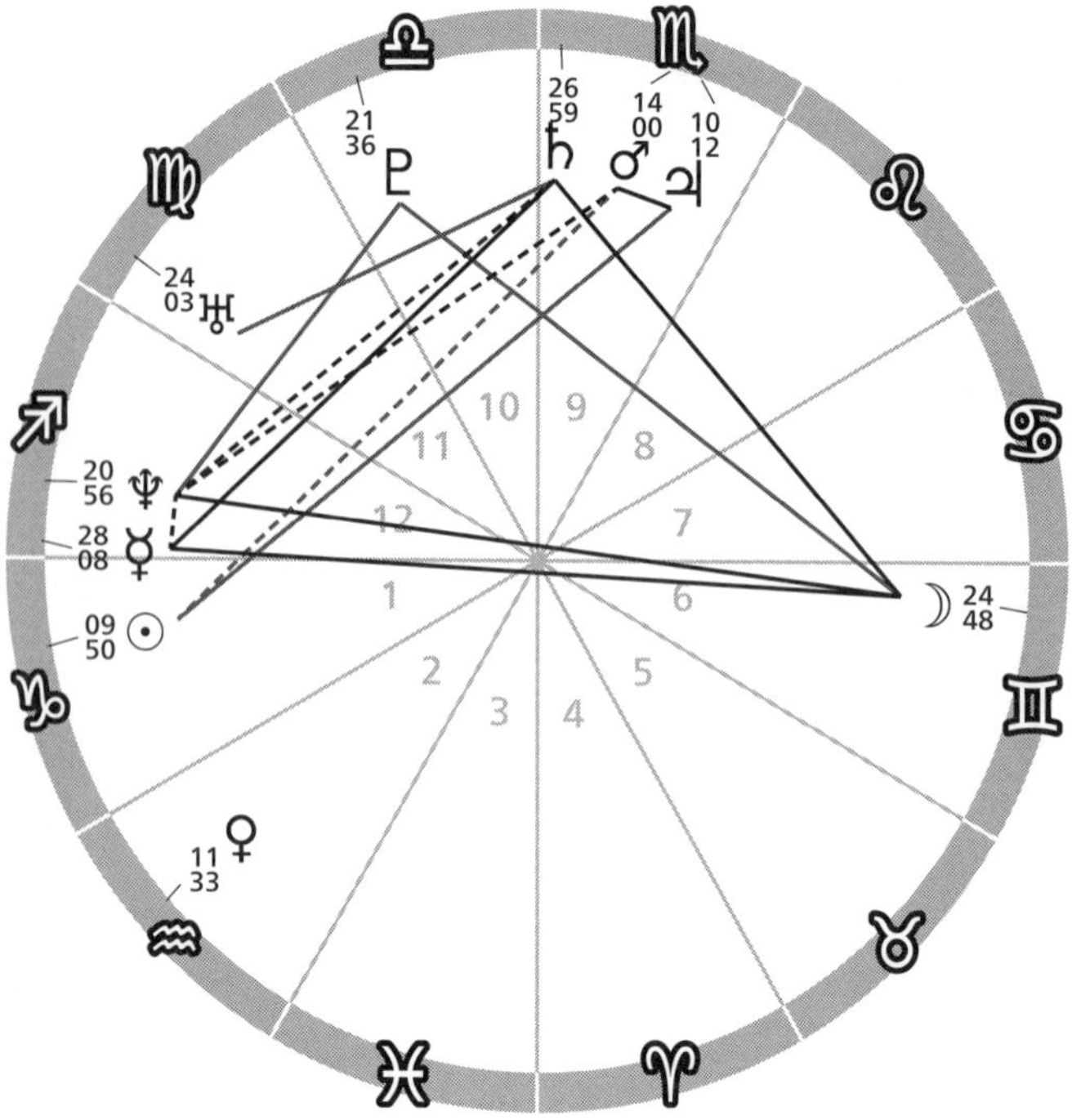

ホロスコープの基礎知識

ホロスコープとは

人が生まれた瞬間の太陽系の姿を地球を中心にとらえて、平面化したものです。

ホロスコープの中には、主要天体（惑星）が12星座のうちのどの星座にいるか、12ハウスのどのハウスにいるか、天体同士がどのような角度（アスペクト）を形成しているかが一枚の図に表されています。

ホロスコープを構成するもの

天体・感受点

太陽、月と太陽系の惑星と準惑星のことです。天体は意識を表し、ホロスコープの中の天体は各意識がどのような状態でどこに向かっているかを示します。

感受点は天文学的な計算で導かれたポイントのことです。天体ではありませんが、ホロスコープを読み解くうえでは重要な作用をするものです。

星座（サイン）

「星座」は12星座のことで「サイン」と呼ばれます。これは、占星術上で用いられる星座は、実際の夜空の星座とは異なるからです。

占星術で用いる星座（サイン）は、太陽の通り道である黄道（３６０度）を理論上、30度ずつ均等に12分割したものです。

ハウス

天体が活動する場所や分野を指します。12の「ハウス」に分かれています。

アスペクト

天体（感受点）と天体（感受点）の間で形成される特定の角度のことです。アスペクトを作る天体同士で影響を与え合います。天体の意識にアスペクトを作る相手の天体の影響が加わり、新しい意味が生じます。

10大天体

ホロスコープでは以下の10個の天体が大きな役割を果たします。

太陽☉（獅子座の支配星、恒星）（本質、目的意識）数字1

【基本的意味】

生命力、活力、能動性や積極性、男性、陽性の象徴で、自我、性質、個性、意志、父性、権威や支配、自分自身や肉体、体力や健康、精神を司ります。創造性、自己表現、自尊心、権威や権力、社会的成功にも関わります。
太陽はその人の人生の目的も表します。
太陽は能動的な性質を持つため、意識して使わないと、個性や性質はあまり表面に出てこないこともあります。

【人物】 夫、父、王、政治家、権力者、有名人、役人、首相、大統領

【場所】 公共の建物、大劇場、宮殿、城、スタジアム、娯楽施設、カジノ、ギャンブルをする場所

【キーワード】

ホロスコープの主人公。

【ホロスコープの中で☉が示すもの】

自分の存在価値を示したり能力を発揮するための方法や、創造性や個性を大いに発揮できる分野。

〔公転周期〕 365・3日（約30日で一つの星座を通過）

〔年齢域〕 25歳〜35歳

月☽（蟹座の支配星、地球の衛星）（気質、感受性）　数字2

【基本的意味】

受動性、女性、陰性の象徴で、感情、フィーリング、気質、情緒、内面、家庭環境、日常的な興味の方向性、母性、妻を司ります。太陽の顕在意識に対して月は潜在意識。無自覚で本能的な快、不快の感覚に関わります。感受性、反応力、習慣、ライフスタイル、無意識、大衆への影響力と人気にも関係します。

女性のホロスコープでは妻や母となったときの姿、男性のホロスコープでは妻や母像も表します。

【人物】　母、妻、女性、大衆、主婦、家事労働者

【場所】　レストラン、水に関する場所、港、住宅

【キーワード】

変化・変動の多い場所＝気になる事柄、関心。


【ホロスコープの中で☽が示すもの】

心の深い部分で感情が求めているもの、幼少期に形成された感情パターン、習慣、母、妻、不安定な領域、気になること。

〔公転周期〕27・3日（約2・5日で一つの星座を通過）
〔年齢域〕0歳〜7歳
逆行なし

水星 ☿（双子座・乙女座の支配星、惑星）（知識、思考、伝達） 数字5

【基本的意味】
知性、知識、思考、伝令・伝達、コミュニケーションと知的方向性を司ります。学習能力、コミュニケーション能力、通信、交通機関、移動、商業、旅行、精神的活動力、分析、演説、執筆、機転や順応力、ネットワークなどを意味します。

【人物】 兄弟姉妹、親戚、教師、セールスマン、著述家、アナウンサー、秘書、ジャーナリスト、運送業者、学生、若者、頭脳労働者

【場所】 学校、塾、書店、駅

【キーワード】
水星は太陽の意志、自我を外部へ伝える役割を果たす惑星。

【ホロスコープの中で ☿ が示すもの】

知性、知識の傾向やその使い方、社会で活動する上での能力、才能、仕事。コミュニケーションの傾向。
〔公転周期〕88日（約19日で一つの星座を通過）
〔年齢域〕7歳〜15歳

金星 ♀（牡牛座・天秤座の支配星、惑星）（美、愛情、女性性、金銭）数字6

【基本的意味】
愛情、美、快楽とそれらを手に入れるための金銭、女性原理、女性的な魅力、恋愛、結婚、人間関係、芸術的センス（美術、音楽）、調和、社交、所有欲などを司ります。

【人物】 若い女性、恋人、美しい人、美容師、エステティシャン、ペット
【場所】 美容院、エステサロン、社交場、結婚式場、美術館、庭園
【キーワード】
人と人との関係性を司る星。主に愛情面で発揮される。愛情傾向。
【ホロスコープの中で ♀ が示すもの】

「愛」をどのように表現するか。好み。喜びを感じるもの。男性のホロスコープでは理想の女性像。女性のホロスコープでは、恋愛したときの愛情表現。パートナーシップ。対人関係。人や社会と調和する方法。魅力。

〔公転周期〕224・7日（約25日で一つの星座を通過）

〔年齢域〕15歳〜25歳

火星 ♂（牡羊座の支配星、蠍座の副支配星、惑星）（本能的なエネルギー・行動）

数字　9

【基本的意味】

身体的エネルギー、活動の方向性、実行力、情熱、熱意、活力、男性的な精力、意志、行動力や勇気、積極性、父性、争い、事故、トラブル、人為的な災害、戦争などを司ります。

モチベーション、闘争、攻撃力、暴力、事故、性衝動、本能的欲求、セックス、刃物、火、外科手術にも関係します。

【人物】若い男性、アスリート、起業家、外科医、警察官、料理人、兵士

【場所】　活気ある場所、事件や事故の場所、戦場、競技場、鉄工所、建設現場、手術室

【キーワード】

本能的な欲求。活動するためのモチベーション。勝ち取りたいもの。

【ホロスコープの中で ♂ が示すもの】

行動パターン。成功につながる自己主張や行動の仕方。行動を起こさせる動機や欲求の分野。性的傾向。男性のホロスコープでは恋愛したときの行動パターン。女性のホロスコープでは理想の男性のタイプ。

〔公転周期〕約６８７日（約43日で一つの星座を通過）

〔年齢域〕35歳〜45歳

木星 ♃（射手座の支配星、魚座の副支配星、惑星）（拡大、保護、発展）数字３

【基本的意味】

発展、拡大、援助、膨張、保護、幸運を司ります。寛容でおおらかで楽観的であり、繁栄や成功をもたらす、10天体中の吉星の代表格ですが、悪く作用すると浪費や虚

栄、行き過ぎ、不用心をもたらすこともあります。

水星の具体的知性に対して、木星は抽象的な知性や、哲学、宗教などの深遠な知性を司ります。

寛大、陽気、成長、豊かさ、繁栄、財産、富、幸運、知識、学問、高等教育、哲学、思弁、宗教、肝臓、大学、外国、言語、書籍、出版、自由奔放に関連します。


【人物】教師、哲学者、法律家、資本家、外国人、有識者

【場所】図書館、広い場所、大学、講堂、教会、寺院

【キーワード】

物事を拡大、発展させる力。


【ホロスコープの中で♃が示すもの】

幸運に恵まれる分野。自己信頼や自尊心を築くための方法や形態。発展性のある領域。


〔公転周期〕11・9年（約1年で一つの星座を通過）

〔年齢域〕45歳〜55歳

土星 ♄（山羊座の支配星、水瓶座の副支配星、惑星）（制限、厳格）数字8

【基本的意味】

制限、抑制、勤勉、不運、限定、冷静、限界、堅実性、責任・忍耐、試練や制約、孤独、秩序、厳格、延滞、古い出来事、保守性、組織、規律などを司ります。皮膚、歯、骨、胆嚢、脾臓、老齢、忍耐、粘り強さ、寒冷、禁止、偏狭と関連付けられます。

【人物】父親、老人、政治家、実業家、僧侶、農民

【場所】古い建物、農地、山、墓場、廃屋

【キーワード】

制限、収縮。

【ホロスコープの中で ♄ が示すもの】

課題。最も強い欲求を感じる分野と脅威を感じる分野。社会的な責任が生じる分野。忍耐強く取り組んでいくことで、能力が発揮され、賞賛されたり、ライフワークとなる分野。達成感を味わえる社会的な意義のある仕事や役割の果たし方。

【公転周期】29・5年（約2・4年で一つの星座を通過）

〔年齢域〕55歳〜70歳

トランスサタニアン

地球から見て土星以遠の惑星（天王星、海王星）と準惑星（冥王星）。

天王星 ♅（水瓶座の支配星、惑星）（変化、改革、自由）数字4

【基本的意味】

突発的な変化、改革、革命、独立、独創性、先見性、飛躍や進歩、超越、科学、発見、発明、自由、機械、航空、天文的なことを司ります。

突然の出来事や分裂、分離、天才、奇才、エキセントリック、個人主義、科学、コンピュータ、反社会性、光線や電波、天文、占星術や心霊、超科学、人道主義などと関連付けられています。

【人物】発明家、革命家、変わり者
【場所】放送局、テレビ局、空港、飛行場、天文台、プラネタリウム、特異な場所

【キーワード】
突発的な変化、改革、エキセントリック。

【ホロスコープの中で ♅ が示すもの】
自由を獲得するために自立を促す分野。革新や改革の必要性のある分野。予測不能な出来事が起こりやすい領域。

〔公転周期〕84年（約7年で一つの星座を通過）
〔年齢域〕70歳～84歳

海王星 ♆（魚座の支配星、惑星）（神秘、無意識、幻想、抽象性）数字7

【基本的意味】
曖昧さ、幻想、無意識、潜在意識、直感、霊感、夢、神秘性や抽象性、芸術、想像力、心霊、自己犠牲、水や液体、アルコールなどを司ります。
理想、麻薬、ガス、中毒、薬物、病院、サナトリウム、引退、隠居、欺瞞、嘘、不注意、混沌、舞踏、献身、情感、奉仕なども関連付けられています。

【人物】アーティスト、詩人、ダンサー、詐欺師、スパイ

【場所】病院、療養所などの医療施設、刑務所、宗教施設、修道院、孤児院、酒場

【キーワード】

曖昧ではっきりしないもの。

【ホロスコープの中で♆が示すもの】

期待や理想が高まる分野であり、それゆえ、失望や落胆、混乱を招きやすい分野。理想を持って取り組むことによって目に見えない力や無意識からサポートが得られる分野。

〔公転周期〕164・8年（約14年で一つの星座を通過）

〔年齢域〕84歳以後。

冥王星 ♇（蠍座の支配星、準惑星）（死と再生、無意識）数字0

【基本的意味】

絶滅、除去、排除、一新、再建、再生、変容、生と死、地下、秘密、死後、始めと終わりを司ります。

極限状態、徹底的、支配的、強制力、強迫観念、破壊力、こだわり、マニアック、

異常性、隠れた力、洞察力、疑い、秘密、暴露、無、性的興味、恐怖、闇、地下組織、核兵器にも関わります。

【人物】 先祖、死者、黒幕、犯罪者、テロリスト、カリスマ、研究者、絶対的な権力者

【場所】 地下、暗い場所、秘密の場所、隠れ家

【キーワード】

これまでの状態をいったん終わらせて新しい物事を始める力。

【ホロスコープの中で♇が示すもの】

乗り越えることで魂や人生を変容させる力を持つテーマや課題。カルマ。

〔公転周期〕 247・8年（約14〜26年で一つの星座を通過）

〔年齢域〕 死後

感受点（実際の天体ではないが、ホロスコープを解読する上で重要となるポイント）

【ASCまたはAC（アセンダント）】
Ascendant
上昇宮
黄道と東の地平線との交点。1ハウスの始まりの場所であり、12ハウスとの境界線。ここに位置する星座は、上昇宮、上昇星座とも呼ばれる。上昇星座はその人の行動や個性に影響を与える。

【MC】
Medium Coeli
天頂
10ハウスの始まりの場所であり、9ハウスとの境界線。社会的役割や肩書きを示す。

黄道十二宮（12星座、12サイン）

各天体の性質や影響は黄道帯の黄道十二宮を通して表れます。

黄道十二宮とは、天球上の黄道を中心とした、太陽と月、惑星が運行する帯状の領域であるゾーディアック（獣帯）を黄経で12等分したそれぞれの領域のことを表します。

星占いで、牡羊座、牡牛座などと称される12星座のことです。

実際の星座は、大小さまざまですが、占星術ではそれぞれの星座を均一に12等分し、各星座の領域を30度とみなします。実際の星座と区別する意味で、12星座のことを12サインと呼びます。

12サインにはそれぞれ異なる性質があり、天体がどのサインに位置するかによって、その惑星のエネルギー表現が違いを帯びてきます。

太陽や月などの天体が位置するしないにかかわらず、人はすべての星座の領域をホロスコープ内に保持しています。

12星座（サイン）表

星座	期間	2区分	3区分	四大元素	支配星	支配する体の部分	性質
♈ 牡羊座	3/21～4/20	＋男	活動	火	火星	頭、顔、脳	情熱、勇敢さ、開拓精神、冒険心、行動力、決断力、リーダーシップ、積極性、闘争的、自己主張、負けず嫌い、短気
♉ 牡牛座	4/21～5/21	－女	不動	地	金星	首、咽喉、感覚器官	頑固、慎重、保守的、控え目、忍耐力、収集癖、外柔内剛、所有欲、審美眼、優れた五感、持久力、堅実、温和、誠実、実利主義
♊ 双子座	5/22～6/21	＋男	柔軟	風	水星	腕、肺、気管支、神経	知識や情報の吸収能力、敏速、好奇心旺盛、二面性、優柔不断、おしゃべり、変化を好む、多芸多才、臨機応変

蟹座 ♋	♌ 獅子座	♍ 乙女座	♎ 天秤座
6/22～7/22	7/23～8/22	8/23～9/23	9/24～10/23
－女	＋男	－女	＋男
活動	不動	柔軟	活動
水	火	地	風
月	太陽	水星	金星
胸、胃、乳房	心臓、背中、脊髄	腹部、腸、肝臓	腰、腎臓、肘
家庭的、直感力、庶民的、感情の変化が激しい、世話好き、人情、親切、同情心、記憶力、模倣の才、排他的	正義感が強い、プライド、親分肌、気前の良さ、慈悲深い、公明正大、自己顕示欲、向上心、野心的、大胆、頑固、独断的、虚栄心、自己中心的、権力主義	潔癖、勤勉、謙虚、繊細、整理能力、知的で勉強好き、細やか、気配り、几帳面、完璧主義、観察力、分析好き、批判的、細部にこだわる	調和的、優れたバランス感覚、上品、優雅、社交的、協調性、公平、平和主義、優柔不断、快楽志向、理性的、客観的

蠍座 ♏	10/24～11/22	－女	不動	水	冥王星	生殖器、膀胱	洞察力、用心深い、閉鎖的、神秘的、秘密主義、嫉妬深い、執着が強い、執念深い、辛抱強い、集中力、徹底的
射手座 ♐	11/23～12/21	＋男	柔軟	火	木星	大腿部、尻	自由奔放、情熱的、開放的、冒険心、率直、熱しやすく冷めやすい、二面性、精神的、束縛を嫌う
山羊座 ♑	12/22～1/20	－女	活動	地	土星	膝、骨、歯、皮膚	慎重、努力家、質実剛健、大器晩成型、野心家、堅実、忍耐力、計画的、倹約家で無駄を嫌う、現実的
水瓶座 ♒	1/21～2/18	＋男	不動	風	天王星	下脚部、血管	進歩的で先見性がある、平等で博愛的、個性的、冷静、自由、独創的、理窟っぽい、友愛精神、浪費家
魚座 ♓	2/19～3/20	－女	柔軟	水	海王星	足の先、神経	同情的、自己犠牲、涙もろい、寛容、直感力、奉仕精神、ロマンチック、二面性、敏感で感受性が鋭い

12サインの分類

12サインはいくつかのグループに分類されます。
それはおもに3種類あります。

2区分：男性・女性の2区分に分けられます。これは天体の気質と意識の方向性を示します。
3区分：活動・不動・柔軟の3種類に分けられます。これはおもに天体の行動パターンを示します。
四大元素：12星座を火地風水の四つの元素（エレメント）に割り当てる分類法。おもに各天体の本質的な性質と価値意識を示します。

◇2区分（男性、女性。＋、－）：気質と意識の方向性

男性（＋）：陽性。男性的、能動的な性質。積極的で自ら働きかける。意思や考えを

外に出す傾向。

女性（−）：陰性。女性的、受動的な性質。消極的かつ内向的で自分の意思や考えを内に秘める傾向。

◇3区分（クオリティ）：行動パターン

活動（カーディナル）C：活動的、積極的、自発的。プラス思考。思いついたことを行動にうつしてみる性質。持続力はあまりない。同じことの繰り返しは苦手。自分の考えを優先し、率先して動く傾向。何か問題に直面したときは、行動して解決をはかろうとする。

不動（フィクスト）F：頑固で保守的。物事に対するこだわりが強い。安定感、持久力、持続力、忍耐力、抵抗力がある。現状維持や今、持っているものを保持したい気持ちが強い。困ったことがあった場合、じっと我慢して急場を乗り切ろうとする。

柔軟（ミュータブル）M：適応能力が高く、柔軟性、変異性に富む。融通がきくが持続性に欠ける。他人の考えを優先する傾向。優柔不断。神経質。困ったことが起こった場合、周囲の状況や相手に合わせて、行動や方針を転換することで乗り切ろうとする。

◇四大元素（エレメンツ）：本質的な性質と価値意識

火（精神）：情熱的で、直観的。決断が早く、パワフルでエネルギッシュ。積極的で人に従うことを嫌う。熱しやすく冷めやすい。

価値を感じるもの：情熱、喜び、感動、達成感、高揚感、やりがい。

地（物質）：実際的で感覚的。物事を現実的な視点から判断する。堅実で用心深い。

価値を感じるもの：実際性、リアリティ、安定感、現実的な成果、物質や金銭、実感。

風（知識）：知性を重んじ、理論的。物事の分析や情報、コミュニケーションを好む。広く浅い交際。クールで美意識と知的志向が強い、理屈っぽい。

価値を感じるもの：知性、論理性、情報、コミュニケーション、会話、言葉、客観性。

水（感情）：感情的。ウエット。情緒豊か。理性よりも感情を優先する傾向。狭く深い交際をする。情に流されやすい。直感力に優れる。

価値を感じるもの：感情、気持ち、フィーリング、一体感、雰囲気、ムード、共感、親密さ、好き嫌い。

12ハウス

ホロスコープは、ハウスと呼ばれる12の領域に区分されています。

各ハウスは、人生のさまざまな領域を象徴するテーマと結びつけられています。

ハウスのシステムにはいくつか種類がありますが、日本で多く用いられているのはプラシーダスハウスシステムとコッホハウスシステムです。

各ハウスシステムによって、ハウスの大きさが異なることがあり、天体が、あるハウスシステムでは2ハウスに、別のハウスシステムでは隣の3ハウスに位置したりということが起こります。

その場合はどちらを見ればよいのかと迷うかもしれません。

しかし、ハウスシステムにおいて、絶対これが正しいということはありませんので、両方見ることをお勧めします。

主要天体が10に対してハウスは12ありますので、天体が存在しないハウスは必ずあります。しかし、天体が入っていないからといって、そのハウスに関する出来事に運がないとか、意味をなさないといったことはありません。

たとえば、恋愛は５ハウスの領域ですが、５ハウスに天体がないと、

「恋愛運がないのではないか」

という心配をされる方がいらっしゃいます。そんなことはまったくありません。

５ハウスに星がなくても、恋愛星の金星や火星の配置を読んだり、５ハウスの始まりとなる星座の支配星から、恋愛傾向やそのハウスのテーマを読み解くことができます。

とはいえ、天体は意識を表しますので、天体が入っているハウスというのは、人生においていやが上にも意識を向けるテーマとなります。

ですので、12のハウスの一つに10天体中三つの天体が入っていたとしたら、そのハウスはその人にとって重要なテーマとなります。

それは人生で何度も何度も直面したり、考えたりするテーマであり、金銭や経済状況にも関わってくる可能性が高いです。

これから12のハウスについて説明するので、各ハウスの中であなたがとくに意識を向けているもの、そうでないものがあるかを確認し、あなたのホロスコープの天体配置と照らし合わせみてください。

そして、三つ以上天体が入っているハウスがあったら、そのハウスのテーマのとくにどんな事柄に意識を向けているかも確認しましょう。

1ハウス

1ハウスは魂が肉体を得るときに獲得する場所です。1ハウスの始まりの星座はアセンダント（上昇宮）です。

アセンダントは、出生時間と出生地によって決まります。

このことから、1ハウスはその人の魂の出生の意図と強く結びついています。

1ハウスは個性や資質、パーソナリティ、アイデンティティ、生命力、体質を表します。

1ハウスのテーマ

- ●本人の個性や性質、体質
- ●生命力
- ●セルフイメージ
- ●行動パターン
- ●出生時や人生の初期の頃の環境や様子
- ●容姿、他者に与える印象
- ●人生に対する動機付け
- ●天命
- ●頭部、脳、眼

2ハウス

2ハウスはその人の価値観、所有、物質や金銭に対する意識、価値に変えることのできる能力や資質、収入や金銭管理、金運、スピリチュアルな側面ではこれまでの転生で培ってきた技術や才能を表します。

2ハウスのテーマ

●所有物、財産、動産、個人の資産
●経済状況、金銭感覚、金運、価値観、所有欲
●収入を得るための方法や才能、意志
●魂に刻まれた資質や才能、技術
●首、咽喉、耳、鼻、顎、甲状腺、後頭部

３ハウス

情報とコミュニケーション、身近な人との関係に関わる場所です。

知的な能力、教育や学習への意欲、どのような分野に興味を持つか、持っている知識をどう表現するかといったことが示されています。

また、兄弟姉妹、親戚、隣人との関係についても判断することができます。

３ハウスのテーマ

- ●知識、知性
- ●コミュニケーション能力、言語表現
- ●通信、情報伝達、ＳＮＳ、モバイル、電話、メール
- ●他者との日常の交流、情報のやりとり
- ●学習、会話の傾向
- ●精神的な興味

- 兄弟姉妹、親戚、近所の人
- 初等教育
- 執筆、講演
- 短期間の契約
- 短期間や短距離の旅行、国内旅行
- 短距離用の乗り物
- 腕、肩、手、肺、呼吸器、気管、気管支、神経、肋骨

4ハウス

家、家庭、家族を表します。心理的に安心してくつろげる場所、心の拠り所となる基盤を意味します。また、自分のルーツやバックボーンにも関係します。

家や家庭の状況、家族との関わり合いを通じて、人生の土台となるものを育んでいく場所です。不動産や土地の問題、晩年の状態なども示します。

４ハウスのテーマ

- 家、家族
- 家庭環境、家庭生活
- 家屋、土地、不動産
- 帰る場所、居場所、自分の部屋、実家、故郷
- リビング、キッチン、旅館、ホテル
- 基盤、先祖、お墓
- 晩年（人生の終末）、介護
- 母親
- バックボーン、ルーツ
- 乳腺、乳房、胃、横隔膜、膵臓、子宮

5ハウス

自分が生み出したり、創造するもの、ドキドキワクワクしたり、喜びや楽しみ、快

楽に関係する場所です。

1～4ハウスまでで完成した個人を外に向かって表現したり、アピールすることに関わります。

意識は、外に向かうものの他者のニーズにこたえたり、楽しませることよりも、自分が楽しむことややりたいことが中心になります。

5ハウスのテーマ

- 自己表現、創造性
- 恋愛、妊娠、出産、子ども
- 個人的な楽しみ、趣味、遊び、娯楽、エンターテインメント
- 個人の願望
- 喜び、感動の傾向
- スポーツ
- ゲーム、ギャンブル、投機、投資、相場
- 親の財産

●ライブ、コンサート、劇場、遊園地、娯楽場、競技場
●背中、心臓、脊髄、大動脈

6ハウス

生計を立てる手段としての仕事と元気に働くための健康状態に関する場所です。また、体質的に弱い部分や病気についても判断することができます。

自分を確立し、自分の楽しみや喜びで満たしたら、他者のために何かしようという場所です。他者への献身、とくに上司や上の立場の人へ奉仕を行うこと、要求にこたえることに関わります。

6ハウスのテーマ

●仕事と健康
●短期間の病気
●奉仕

●労働能力、労働による報酬
●職業訓練
●修行
●部下、雇用人、アシスタント、使用人、秘書、看護師
●自己管理、自己調整、習慣、日課
●ペットや小動物
●奉仕、献身
●勤め人
●親の兄弟
●軍隊
●仕事場、職場環境、テナント、薬局
●腹部、腸、卵巣、精巣、神経

7ハウス

１ハウスから６ハウスまでは個人の領域となり、７ハウスから12ハウスは公的な領域となります。

１～６ハウスで個人を完成させたら、７ハウスで他者との関係が生まれます。また、他者を通して、客観的に自分自身を見つめていきます。

７ハウスは１ハウスの反対側の場所で、１ハウスは本人の場所であるのに対して、７ハウスは他人、とくに１対１で関わる相手、配偶者や共同事業を行うパートナー、取引相手、ライバルを表します。

７ハウスにある星は、パートナーや１対１の相手とどのように関わるかを示します。

７ハウスのテーマ

●対人関係、１対１の関係
●結婚、配偶者、パートナー
●契約、共同、提携、協定
●調停、争い事、訴訟問題
●社交生活

●結婚式場、相談所、調停所

●夫、妻、相方、ライバル、協力者、祖父母、甥、姪、交渉相手

●腰、腎臓

8ハウス

2ハウスは自分の所有物やお金、自分で稼ぐお金に関わる場所ですが、その反対の8ハウスは7ハウス（他者）のお金や財産に関することを示します。

パートナーのお金や不労所得、遺産や借金なども表します。

また、8ハウスは8番目の星座である蠍座に関係するため、生死や生死を超えて受け継がれるもの、死によって受ける衝撃や反対に得るもの、相続、DNA、先祖、セクシャリティや秘密、深層心理なども示します。

8ハウスのテーマ

●死

- ●他者（パートナー）のお金
- ●他人から得る財産
- ●遺産、相続、遺業
- ●頂き物、不労所得
- ●借金、ローン
- ●他者との深い絆、つながり、セックス、因縁
- ●神秘、霊界、先祖、ＤＮＡ、生まれ変わり
- ●秘密、裏に隠されたもの、深層心理
- ●神社、仏閣、産婦人科、寝室
- ●パトロン、霊能者、心理学者、心理カウンセラー
- ●生殖器、性器、泌尿器

9ハウス

3ハウスの知識や情報、教育、旅をスケールアップし、高度にしたのが9ハウスの

テーマです。

3ハウスの学びが初等教育や答えがあるものであるのに対して、9ハウスはアカデミックで高尚で抽象度の高い事柄を扱います。

それらの知恵や思想を広めていくための出版、広告、宣伝、啓蒙、各種メディアにも関わります。

また、3ハウス、9ハウスともに移動に関係しますが、9ハウスは遠距離となります。情報を伝える範囲も広くなります。

それらを社会的な智慧として間違うことなく律するための法律、信条にも関わります。

9ハウスのテーマ

- 深遠な精神的興味
- 遠方、海外、外国、貿易、大使館、空港、外国に関わる場所
- 高度な学問、研究、高等教育、大学、専門学校、図書館
- 思想、哲学、宗教、信仰や信条、精神世界、予言

●法律
●出版、宣伝、広告
●長距離の旅行
●遠方へ行くか多くの乗客を輸送できる乗り物
●航空機、宇宙ロケット
●学者、研究者、教授、聖職者、哲学者、外国人、パートナーの兄弟姉妹
●肝臓、大腿部、尻、坐骨

10ハウス

10ハウスの入り口がホロスコープの天頂であるＭＣとなります。
10ハウスは社会での居場所、社会的に評価される事柄、地位や名誉、社会的に目指す場所、なりたい自分に関わることが示されています。

10ハウスのテーマ

●キャリア、仕事、職業、経歴、社会的地位、名声、名誉、肩書、社会的役割
●人生の目標、天職、ライフワーク、使命、天命
●世間の評判や評価、社会に打ち出す自分
●伝統、古典に関すること
●父親、目上の人、年長者、上司、権力者、有名人、王、国家元首、パートナーの両親
●政府、大組織、大企業、公、有名な場所、歴史、名所旧跡、伝統のある場所、ビル
●骨、ひざ、関節、歯、皮膚

11ハウス

5ハウスが個人的な楽しみに関わるのに対して、11ハウスは「他者と共有する楽しみや喜び」に関わる場所です。楽しみを分かち合えるのは、好きなことが同じであったり、理想や希望が一致していたりする人たちなので、友人、仲間、同志に関わる場

所となります。

また、ここは願望実現に関係します。それは仲間や人とのつながりによって、もたらされやすいものだからです。

11ハウスのテーマ

●友人、仲間、同志、グループ
●希望、願望、理想
●団体、組合、連盟、サークル活動、研究会、同好会
●ネットワーク、人脈
●博愛精神、フリーランス
●集会所、博物館
●すね、足首、くるぶし、循環器系、血液、血管、リンパ腺、血圧

12ハウス

12ハウスは、1ハウスから見て背後に当たる場所であることから、見えないことに関係します。また、「1ハウス＝始まりの場所」であることから、人生の始まりより前にあったもの。すなわち、魂が背負ってきたこと（カルマ、因縁）でもあります。自分のまいた種を刈り取る、因果応報や清算に関わる場所です。

12ハウスのテーマ

● 宿命、カルマ、秘密（人に知られたくない問題）
● 見えないもの
● 潜在意識　慈善、奉仕活動、隠れた善行
● 癒やし、スピリチュアル、占い、セラピー、神秘学、芸術
● インターネット、目に見えない世界
● 病院、長期間の病気、入院生活

●隔離された場所、刑務所、収容所
●福祉施設、老人ホーム
●事故、心配事、過去の過ち、犯罪、見えない敵、テロ
●隠遁生活、引退、現実逃避、引きこもり
●大型の動物
●芸術家、アーティスト、セラピスト、ヒーラー、医療従事者、占い師
●足、つま先

アスペクト

アスペクトとは星同士が作る角度のことで、座相とも呼ばれます。

天体同士が角度を作るとき、その天体はお互いに影響し合います。

アスペクトを持たない天体は単独で働きますが、アスペクトを持つ場合は相手の天体の影響を受けます。

相手の星の性質を帯びたり、相手の星が位置するサインやハウスに関わるテーマが浮上してきたりするのです。


たとえば、月は気質や感情、欲求に関わる天体です。

月が木星とアスペクトを作るとき、その人の気質や感情に木星が関わってきます。

木星は楽観的で物事を拡大する星ですので、その人の気質は楽天的でおおらかさやアバウトさが備わってきます。

アスペクトには、「メジャー・アスペクト」、「マイナー・アスペクト」の2種類があります。

この本では、メジャー・アスペクトとクィンカンクスの説明にとどめます。

0度	☌	コンジャンクション(Conjunction)	天体の意味を強める
180度	☍	オポジション(Opposition)	対立、衝突、関わり、外部からの影響

１２０度	△	トライン（Trine）	星同士が力を引き出し、サポートし合う。発展的
90度	□	スクエア（Square）	星同士に葛藤や摩擦が生じるが強いエネルギーを引き出す
60度	⚹	セクスタイル（Sextile）	星同士が調和しスムーズにエネルギーが流れる
１５０度	⚻	クィンカンクス（Quincunx）	星同士が違う性質や価値観を持つため調整する

オーブ

主要な天体は10で、円は３６０度です。

一つの星座は30度です。

たとえば、太陽が牡羊座５度にあり、火星が双子座５度にあるときは、双子座は牡羊座の隣の隣の星座ですので、太陽と火星の距離はぴったり60度となり、これを、「太陽と火星がセクスタイル」と表現します。

しかし、星同士が正確に60度や１２０度など角度を作るケースは少なめです。星同士が前ページの表にあげた正確な角度を作らなくても、数度以内ならアスペクトを作っているとみなします。

その許容度のことをオーブ（orb）といいます。

たとえば、太陽が牡羊座5度で、火星が双子座3度なら、太陽と火星の距離は58度です。この場合は太陽と火星がオーブ2度でセクスタイルとなります。

オーブを何度とるかは占星術師によっても、天体によっても異なりますが、一般的には5度から8度以内で設定するケースが多めです。

私自身は太陽と月は8度くらい、その他の天体は5度くらいを見ますが、天体のある位置や複数のアスペクトが絡む場合などはこの限りではありません。

ケースバイケースです。ただ、オーブが狭く、誤差が少ないアスペクトほど強く影響が表れるのを実感しているため、オーブが狭めのものを重視して読みます。

第3章

人生に豊かさをもたらす三つの星

人生にお金や富を創造したいときに活用したい「三つの星」があります。

「星を活用する」とは、その星のエネルギーを人生で意識的に用いるということです。

具体的には「その天体が位置する星座の性質で、そのハウスに関することをする」ということです。


豊かさに関係する三つの星とは、金星、木星、冥王星です。


金星は愛と美の星と知られていますが、快楽の星でもあり、現実世界で楽しむために使うお金にも関係します。

以前、テレビで苔を売って、高収入を得ているという男性が紹介されていましたが、とにかく苔の美しさに魅了されていて、

「苔が大好き」

なのだそうです。ご家族も、

「車に乗っていても、何をしていても、とにかく苔に目がいく。苔を中心に生活している」

と証言されていました。

このように何をおいても、好きでたまらない、「愛や魅力を感じる」「楽しみや喜びが湧いてくる」というエネルギーはお金を創造しやすいのです。

踊ったり、歌ったりすることが楽しい人、旅をするのが楽しい人、一人で静かに読書をするのが楽しい人、人と話すのが楽しい人、みんなを笑わせるのが楽しい人、植物を育てるのが楽しい人、絵を描くのが楽しい人、何が楽しいかは本当に千差万別です。

ホロスコープの中の金星は、その人にとっての喜びや楽しみのありかを教えてくれます。

金星：愛と喜びが豊かさをもたらす

金星は愛や美の星で、恋愛運や結婚運を読む際に用いられますが、この星の本質的なパワーは「愛」「喜び」「快楽」です。

人間として、肉体を持ち、生きる喜びを感じたり、この世界を楽しんだりすることを司る星です。

ホロスコープの中の金星は、その人が「愛」を感じるものや人、趣味など大好きなものや楽しみを示しています。

誰かを愛するとき、どんな風に表現するか、どんな人に心惹かれ、ときめくのか？どんな雰囲気が好きで、どんなことが美しいと感じるのか。どんなことに感動するのか。

どんな風に他者と関わるとその人にとって心地よいのか。

それらを教えてくれます。

金星は現実的な喜びや楽しみに使うための金銭や価値も示します。

「与えるものが受け取るもの」が宇宙の法則ですから、自分が楽しいと感じること、お金を払ってもよい（＝価値を感じる）ことは、あなたに金銭をもたらしたり、他者に価値を与えることができるものでもあります。

だから、あなたの金星の状態を知り、それがどのようにあなたの人生に現れているかを知ることで、あなたが他者と分かち合える価値を見つけることができるでしょう。

また、金星は、あなたの「魅力」を教えてくれます。その魅力によってあなたは他者を惹きつけ、他者と関わり、良好な人間関係を築くことができるようになるのです。

つまり、あなたの「大好き！」はあなたに満ち足りた人間関係や豊かさをもたらすのです。

金星星座が教える あなたの愛と喜びのありかと価値を生み出すカギ

金星星座が牡羊座

牡羊座は12星座のトップに位置する始まりのサインです。だから、ここに金星がある人は、「新しいもの」や「一番」「最初」を愛します。

たとえば、「新発売」のものや「新商品」、まだ、多くの人に知られていない事柄や人がしていないことです。

また、牡羊座は活動宮でエネルギッシュな火のエレメントですから、活気のある場所や生まれたてで勢いのある状態に惹かれます。

人で言えば、明るく元気で活動的な人。自発的に行動し、好きなことやものに一直線にすすむようなタイプです。

また、あなた自身も活動的で、「これっ」というものを見つけたら、情熱的に追い求めていくタイプでしょう。

牡羊座の金星を生かすには、「楽しい」「好き」と感じるものに対して、まっすぐに突き進んでいくことです。

まだ「海のものとも山のものともわからない」、将来性があるのかどうかもわからないことであっても、ピンときたり、「面白い！」と思うのであれば、その思いにしたがってみることです。それはモノであれ、人に対してであれ、同じです。

それによってチャンスを得たり、あとからそれがブームになったときに人に教えたり、伝えたりといったことが金銭的な恵みをもたらすこともあるでしょう。

もちろん、すべてがすべて、そうなるわけではないかもしれません。また、途中で飽きたり、ほかのことに興味が移る場合もあるでしょう。

でも、そういうことも含めて、気になること、好きなことは「やってみる」。頭でシミュレーションするのではなく、行動することが豊かさにつながっていくのです。

金星星座が牡牛座

牡牛座はお金を司る星座でもあり、お金そのものやお金持ち、豊かさを感じさせるものや人を愛します。

また、金星は牡牛座の支配星であり、牡牛座の金星の人は豊かな感覚の持ち主です。美しいものや価値あるものを見極める審美眼に長けています。五感に優れているため、それらを生かすことがお金を引き寄せるでしょう。香りや食に関わることをしたり、さまざまな物質から形あるものを造ったり、草花や農作物を育てることを楽しみます。

それらを自分一人で堪能するだけでなく、人と共有したり、分かち合うことで人生がますます豊かになるでしょう。たとえば、あなた自身のお気に入りを人に紹介したり、そのどういった点に価値を見出しているのか、どんなところが好きなのか、優れているのかといったことを人に伝えたり、センスに自信のない人の代わりに選んであげたりするだけでも喜ばれたり、他者に価値を提供することができます。

また、牡牛座は耳とのどを支配することから音感にすぐれていたり、楽器の演奏や調律などに長けている人もいます。また、声が美しく、歌を歌ったりするのが好きです。ナレーション、DJなどにも適性があります。

持って生まれた資質や感性を生かすことが豊かになるカギです。

金星星座が双子座

双子座は好奇心が旺盛な星座です。流行にも敏感で、つねに新しい刺激を求め、フットワークも軽く、あちこちに顔を出し、あらゆるものを見聞きしながら、情報を集め、それをまわりの人に面白おかしく伝えるのも得意です。

双子座金星の人が愛や喜びを感じるものは自分に知的な刺激を与えるものです。

今までの自分のフレーム（常識や世界観）にはなかった新鮮な旬のニュース、未体験の事柄を知ることにワクワクします。

また、金星が双子座にある人はウイットに富んだ会話が得意で、ユーモアあふれる文章やサラッと読みやすく楽しい文章で人を惹きつけます。

だから、一緒にいる人を楽しませたり、気の利いた会話で場の雰囲気を和ませたり、SNSやコミュニケーションツールでも気の利いた返しができたりします。

もちろん、楽しませるだけでなく、相手が好みそうな話題や相手に必要な情報や知識を与えることも得意です。

これらが双子座の金星を生かすカギです。あなたが楽しいことや面白かったこと、仕入れた情報や知識などを人に伝えたり、教えたりすること、それがあなたが人と分かち合える価値あるものなのです。

金星星座が蟹座

金星が蟹座の人は、包容力があり、世話好きで、面倒見の良さがあります。蟹座は家族や家、日々の暮らしや衣食住、養育や感情に関わる星座です。

だから、蟹座の金星は家族や仲間、恋人、親密な関係の人を愛し、彼らと過ごすアットホームな時間や彼らの世話をしたり、育むことに楽しみを見出します。

また、蟹座は保守的で防衛本能の強い星座です。人から危害を加えられず、愛する人たちと安心していられる場所は蟹座にとって何よりも大切なものです。

心地よい家や住まいやインテリアなどの空間やカーテンや家具、ファブリックなどを選ぶこと、おうち作りやお部屋作りも楽しみの一つでしょう。

蟹座の金星を生かすには、何かを育てたり、面倒を見たりするとよいでしょう。人が安心して過ごせる居場所や空間を作ったり、心に安らぎをもたらしたりすること、他者の心理的なケアや育成、料理やレストランやペンション経営、手芸や家事関係のことが価値や豊かさをもたらします。

金星星座が獅子座

愛と快楽の星・金星が獅子座に入ると喜びや楽しみを求める気持ちが増します。

獅子座の金星の持ち主は遊び心にあふれています。派手でスリリングなレジャーやゲーム、投機や麻雀やパチンコなどハラハラドキドキを生み出すものが好きです。

また、獅子座は王者の星なので、高級品や一流品、有名ブランドなどの商品や一流レストラン、カリスマ性のある人など、誉れ高く、一般的に価値を認められたり、高い評価を得ているものや人を好みます。

これらのあなたを喜ばせたり、楽しませたりするものがあなたに価値や豊かさをもたらすものです。

獅子座は、自己表現力や企画、演出力に長けていますので、獅子座に金星があると、あなた自身や他者、商品などを魅力的に見せたり、価値を高めるプロモーションをしたりすることにも向いています。

たくさん人が集まったり、注目を集めやすい場所で、あなた自身を表現する。イベントを企画する。人や物などを盛り上げて、生命の息吹を吹き込む。それをすればするほど、人生に愛と豊かさが増えていくでしょう。

金星星座が乙女座

乙女座は観察力に優れ、細部に目がよく行き届く星座です。知的で清潔好き。秩序が整った状態を愛します。

どうすれば、より良い状態を生み出せるか、正確に物事を行えるか、ごちゃごちゃや混乱した状態から美しく、整った状態、健全で調和的な状況になるかを考えたり、分析したり、問題点を見つけ、修正したりということを金星が乙女座にある人は、愛し、楽しみます。

そして、それがあなたが人と分かち合える価値です。

たとえば、散らかっている部屋を整理整頓したり、収納したり、片付けるサポートをする。

なぜ、部屋が片付かないのかその人の行動や性格を観察したり、分析したりして問題点を見つけ出して、アドバイスする。片付けに限らず、日常生活や仕事、健康面、食生活、人間関係、財政面などにおいて、その人の現状を把握し、解析したり、分析したり、ケアすること、それによって、状況を改善したり、より良い方向へと導くことはあなたに喜びをもたらすと同時に収入も生み出すのです。ほかにも乙女座の金星は、物事を記録したり、メモを取ったりすることや、物事を比較検討したり、商品のレビューを書いたりすることが好きかもしれません。

日常生活の中のあなたの気づきや評価をブログに書いたり、他者と共有することもあなたの人間関係を広げたり、お金や所有物を生み出したりするでしょう。

また、文章やレポート、マニュアルなどを作ったり、人が悩んだり、困ったりする分野の情報をまとめたりして販売するといったことにも向いています。

実用的で人に役立つことをする。

人が見落としたり、ミスしがちなところをチェックしたり、フォローする。

細々としたサポートをする。

それが乙女座の金星を生かすカギです。

金星星座が天秤座

金星は天秤座の支配星であるため、金星の力は強く発揮されます。天秤座の金星を持つ人はチャーミングで、人を惹きつける容姿や雰囲気を持つ人が多いです。

礼儀正しく、上品な振る舞いによって好印象を与え、人間関係や恋愛、結婚において、相手と調和的かつバランスの取れた関係を築くことが得意です。

また、美意識が発達していて、洗練された趣味の持ち主です。

天秤座の金星の人が豊かになるカギはここにあります。

つまり、優れた社交性を生かしてさまざまな人と交流し、人脈を築き、その中からバランスの取れる相手と協力するのです。

それによって幸運やチャンスを獲得することができるでしょう。

また、人と人との間を仲介したり、結婚などパートナーシップに関わる分野、化粧品、衣服、宝飾品など美に関わる分野でも金銭を引き寄せます。

金星星座が蠍座

蠍座は目に見えないものや神秘的なこと、真実に関係する星座です。ですので、金星が蠍座の人は、物事の本質や人の本音や深層心理を探ることを好みます。人との関係においても、何かを選ぶにしても、そのものの表も裏も知り尽くし、納得した上で自分が心から共感し、深く愛することができるかどうかを重視します。情念が深く、探求心が強いため、何かにハマるとトコトン追い求めるのが蠍座です。

ですから、一つのことを徹底的に極めたマニアックな人やオタクというのは蠍座に天体を持つ人に非常に多いです。

蠍座に金星があれば、あなたが強く惹かれるものを徹底的に極めましょう。

どんな分野であれ、コレッと思うものを突き詰め、そこに絶大な信頼を置いたとき、それはあなたに豊かさや金銭的な恵みをもたらすものになるはずです。

逆に、あなたが信頼できないと感じるものはほかの人がどんなに称賛したとしても、あなたにとっては無用の長物となるでしょう。

それが正しいか正しくないかというより、あなたが心から愛せるか、信頼できるか、本物だと思えるかが重要なのです。

金星星座が射手座

金星が射手座にある人も蠍座同様探求心が旺盛です。また、真実を愛する点も同じです。異なるのは蠍座の金星の人が物事を深掘りしたり、突き詰めることを好むのに対して、射手座は、広い世界を見渡して、その中から理想に合うものを見つけようとするところです。

たくさんの可能性の中からさまざまなものにチャレンジしてみる。そして、経験を広げることが射手座の金星の愛することです。その豊富な経験があなたの魅力であり、価値を生むものです。

射手座は長距離移動の星座なので、射手座に金星がある人は旅や異国、異文化に関わるものを愛します。いろいろな場所に行き、さまざまな生き方、考え方、宗教や哲学などに触れることで新たな発見をしたり、知識が広がったりすることが喜びなのです。

そして、それを伝えたり、教えたり、それらをもとに人にアドバイスをしたりすることも好きです。知らないことを知り、それを広めることもあなたが人に与えられる価値です。

金星星座が山羊座

金星が山羊座にある人は、実際的で確かなものを愛します。山羊座は土星が支配星で、土星は時間に関わる星です。時間をかけて築いたもの、時代を超えて受け継がれてきたもの、歴史、伝統、骨董品、古いものに価値を見出し、惹かれるのです。

一時期、多くの人からもてはやされたり、人気を博しても、ブームが去ると忘れ去られたり、世の中の移り変わりや変化に対応できないもの、表面的で中身がないものは淘汰されていきます。

しかし、時を超えて受け継がれ、残っているものは、「本物」であり、信頼に値するものであると山羊座金星の人は考えるのです。

そうやってあなたが価値を認めたもの、長いこと評価され続けているもの、歴史があるもの、伝統的なこと、着物や古美術、アンティーク家具やアクセサリーなどに関わることがあなたに金銭的な恵みや豊かさをもたらすでしょう。

山羊座は組織や会社に関係しますので、そこで地位を得たり、出世することに喜びや楽しみを見出す人もいます。

あなたが努力を重ねて築いた業績、達成した目標、キャリアもあなたを豊かにします。

本物を見極める目や信頼できる人との関係もあなたにとって大きな財産となるはず

です。

金星星座が水瓶座

金星が水瓶座にある人は、進歩的でありきたりでないもの、それでいて、センスが良いものに心惹かれます。独創的で型にはまることを好まない水瓶座に金星があると「フツウ」のものや「みんなと一緒」であることには魅力を感じません。「ほかの人が持っていない」「なかなか手に入らない」非凡で珍しいものに価値を見出すのです。

また、合理的で、進んで新しいものを取り入れたり、仕事や趣味を効率化するためのグッズやデジタル家電、システマチックなものを好みます。先端技術やテクノロジーを活用してスマートな生活をする人も多くいます。

このように人より一歩先を行くことや、人があまり目を向けない事柄、人があまりしていない珍しい経験があなたの人生を豊かにするでしょう。

水瓶座は物質的な事柄よりも知恵や情報、友情や仲間やグループとの付き合いに重きを置く傾向があります。

この仲間や同志とのつながりや、年齢差や国籍の違いを気にせず、オープンな関係を築くこと、自分とは異なる世代や文化的背景の人たちの考え方や思想、興味を知ることもあなたに大きな財産を生み出します。

金星星座が魚座

魚座は夢や理想、イマジネーションに関わる海王星が支配星です。

そのため、金星が魚座にあると、目に見えない事柄、癒やしやスピリチュアル、マンガやアニメ、ファンタジーやぬいぐるみ、虚構や空想世界や幻想的なものに心惹かれます。

現実的でシビアなものよりも、ゆるふわなものや人の心の美しさや優しさ、慈悲深さなど、おとぎ話や物語のような愛や優しさを感じられる世界が好きなのです。

魚座は金星が最も光り輝く場所です。

魚座の金星の人は、豊かな感受性で、人の言葉や絵や風景、自然の美しさや音楽など、さまざまなものに心を震わせたり、ときめいたりします。

想像力が豊かで目に見えているものだけではない雰囲気やエネルギーを感じ取ることもできます。芸術的な才能や美的センスの持ち主で、音楽や絵画などの才能が豊かな人も多いでしょう。

それらの感性やイメージ力、人の痛みや苦しみを自分のように感じ取る共感力などがあなたに金銭的な恵みをもたらし、豊かにします。

感性を磨き、あなたが美しいと感じたもの、心を震わせたものを人と分かち合うこと、それが豊かさへの道です。

金星のハウスが教えるあなたが愛や喜びを感じる領域

ホロスコープの金星が入っているハウスは、あなたが愛や喜び、心地よさを感じることや、好きなことに関わります。

また、あなたの美意識や魅力が発揮される領域でもあります。

これらに関わることも人と調和したり、豊かさや金銭を引き寄せたりすることにつながっています。

金星が1ハウス

1ハウスは自分自身や人生の初期に関わる場所です。

金星は美の星ですので、この位置に金星がある人は美しく魅力的です。

また、優れた美的センスや芸術的な才能を生まれつき持っていたりします。

そんなあなたが、愛し、楽しむ場所はあなた自身です。

ルックスを生かしたり、持ち前のセンスや芸術的な才能を発揮したりすることが豊かさにつながるでしょう。

1ハウスは人生の初期を表す場所ですので、小さな頃から愛されたり、誕生を喜びを持って迎えられたりしたため、愛されることを当然と感じ、甘え上手です。

社交的な振る舞いや人脈が金銭に結びつきやすいので、自分と同じように他者も愛し、尊重することが豊かさを引き寄せます。

金星が2ハウス

2ハウスはお金や所有の場所ですので、あなたが愛や喜びを感じるのは、お気に入りのものや価値あるもの、芸術品などを手に入れたり、所有したりすることでしょう。買い物好きであったり、お金そのものに惹かれたりする気持ちも強いかもしれません。

愛とお金が結びつきやすいので、「愛があればお金はなくても平気」とはならない人です。

楽しみながら収入を得る方法を見つけたり、趣味を仕事にしたりすることが金運を高めます。

金星が3ハウス

情報収集やコミュニケーション、学びなどに関心が高く、それらが楽しみとなったり、愛や喜びをもたらすでしょう。

芸術や音楽、美容やファッション、メイクなどについて、情報発信したり、それを教えたりすることから収入を得ることも可能です。

人を楽しませる魅力的な話術や会話、文章力などの才能もあるので、接客業や文筆業、SNSなどもあなたに豊かさを運んできます。

金星が4ハウス

家や家族、不動産などに愛や喜びを感じる人です。

温かい家庭で家族からの愛情を受けて育ち、心地よく暮らせる住まいや居場所を得ることができるでしょう。

帰る場所やリラックスできるスペースがあり、家族や心の支えや拠り所となる人と愛情あふれる関係を築くことがあなたに豊かさをもたらします。

家族から収入増につながるチャンスを得たり、家や不動産から金銭を得たりすることもあるでしょう。

好きな街やお気に入りの物件に住むことも豊かさを引き寄せます。

金星が5ハウス

5ハウスは趣味やレジャー、恋愛や投機などに関わる場所です。

ここに金星があると人生に楽しみや喜びが多く、恋のチャンスにも恵まれやすいでしょう。

芸術や音楽、演劇、芸能関係、観劇やコンサートなどを楽しむ傾向が強く、あなた自身が、演じたり、表現したりすることにも向いています。

創作能力や企画力、演出力を発揮しながら、あなた自身の喜びや楽しみを表現しましょう。

それが、愛や豊かさを引き寄せます。

金星が6ハウス

居心地の良い職場に恵まれたり、楽しみながらできる仕事をしたり、働くことそのものが好きな人です。

会社や取引先に貢献したり、同僚や上司、部下を進んで助けたりして、仕事関係者と良好な関係を築くことが豊かさをもたらすでしょう。

また、肉体のケアやメンテナンスも金運と関わっているので、いつまでも元気に働けるように健康面にも気を配りましょう。

楽しみながらできる自己管理法や美容法やダイエット法を継続するとよいでしょう。

金星が7ハウス

魅力的で愛情深いパートナーや、あなたを慕い、大切にしてくれる親友などに恵まれやすいでしょう。

あなた自身も人を喜ばせたり、楽しませたりできる愛情とサービス精神の持ち主です。

パートナーや親友があなたの金運を高めたり、他者との協力や共同で行うことが豊かさにつながります。

社交性を発揮して、さまざまな人とコラボしたり、楽しみを共有したりしましょう。

金星が8ハウス

人からの貰い物やサポートが多い人です。

権力者の後ろ盾を得たり、影響力を持つ人から可愛がられたりして、何かと恩恵を受けやすいでしょう。

また、結婚や相続によって財産が増えたり、金銭的に余裕を持ったりする場合もあります。

人と深く結びつくことや性的な事柄が楽しみや喜びとなる面もあります。

愛する人や縁ある人と強い絆を持つこと、先祖や霊的な事柄を大切にすることが、金銭や財運を高めます。

金星が９ハウス

海外旅行や外国、異文化に関する事柄に楽しみや喜びを感じる人です。

外国人の恋人を持ったり、国際結婚をしたりする場合もあります。

また、精神世界や思想、哲学、宗教などの分野が好きでそれらを探求したり、学ぶために海外や遠方に行ったりすることもあります。

これらは、あなたに豊かな経験や人間関係をもたらし、そこから、金銭的な恵みをもたらすでしょう。

好きなことをより深く学んだり、高度な専門知識を得たりすることも金運アップに直結します。

金星が10ハウス

魅力的な肩書や経歴を得たり、人気のある職業に就いたりするチャンスを得やすいでしょう。

憧れの職業に就いたり、好きなことを仕事にしたりすることで、働くことに喜びを見出します。

目上の人や地位の高い人から引き立てを受けやすく、それが豊かさにもつながります。

容姿の美しさや美的センスを生かすこと、趣味や楽しみながらできる仕事、美容やファッション関係、若い女性相手の仕事などに適性と幸運があります。

金星が11ハウス

趣味や楽しみ、好みが一致する仲間や友人に恵まれ、彼らとの関わりやグループ活動を通して喜びや豊かさを得るでしょう。

また、自分を高めたり、収入増につながるコミュニティに参加したり、友達や仲間が、自分のお客さんになることもあるでしょう。

いずれにしても、人との関係を大切にすること、先見性を発揮したり、時代の最先端をいく事柄に携わったりすることが、あなたに喜びやお金をもたらします。

インターネットやオンライン上で普段まわりにいないタイプの人と交流することや、地域や年齢、性別に関係なくさまざまな人とつながることも豊かな経験をもたらすでしょう。

金星が12ハウス

人知れずひっそり楽しむような趣味を持っているかもしれません。

目に見えない世界やスピリチュアル、占い、芸術やアート、音楽などに心惹かれる気持ちが強く、一人でどこかに引きこもってそれらを楽しみます。

また、人を癒やしたり、助けたりすることに喜びを感じ、ボランティアやチャリティ活動をしたり、ヒーリングやセラピーなどに没頭する人もいるでしょう。

それらはあなたに金銭や幸運、加護をもたらします。

また、金星は愛の星でもあり、この位置の金星は、秘密の恋愛や人に言えない結婚生活などに関わる場合もあります。

それらの悩みや苦悩も含めて、あなたが金銭的価値に転換できる体験です。

木星：宇宙から注がれる幸運のエネルギーをフル活用する

木星は拡大と発展の星です。木星にはあらゆるものを拡大したり、発展させる力があります。

また、財運の星でもあり、大きな豊かさを得るには、木星のエネルギーを使うことが不可欠です。

木星は公共性やルール、法律、社会を司る天体です。

だから、公の場所、社会の中で活動し、それを広げていくことが豊かさや金銭の拡大へとつながっていきます。

あなたの人生を拡大し、発展させるために、あなたのネータルホロスコープの木星を社会の中で意識的に生かしましょう。

「木星を生かすって、どうすればいいの？」

と思われるかもしれません。

同じ星座やハウスであっても、多種多様な生かし方がありますので、私が、木星をフル活用していると思う方のホロスコープをまずはご覧ください。

サンプルリーディング：トニー・ロビンズ（アンソニー・ロビンズ）

139ページの図は『一瞬で自分を変える法』（本田健訳、三笠書房）などの著作で知られる自己啓発作家であり、講演家、メンタルコーチでもあるトニー（アンソニー）・ロビンズのホロスコープです。

彼は、「世界ナンバーワンのカリスマコーチ」と呼ばれ、

「内なる巨人を目覚めさせる」

「一瞬で変化が起きる」

「変化がずっと継続する」

と言われるコーチングのメソッドを確立し、テレビに出演したり、世界中で講演やセミナーを行っている人です。

彼の著書『Unlimited Power』は全世界で1000万部の大ベストセラーとなったそうです。

2007年には雑誌・フォーブスの「世界で最も影響力を持つ著名人 Celebrity 100」に入ったビリオネアでもあります。

彼は、経済的な事情から大学に入学することを断念し、ビルの清掃業などをしながら、700以上の成功哲学や心理学、脳科学などの本を読み、セミナーなどに参加しながら、どうすれば、人生を変える（より良くする）ことができるのかについて学び、それらの力を用いて、顕在意識と潜在意識の両方に働きかけ、変化を起こすという手法を確立しました。

それを世界中の人々に伝え続けた結果、人生を大きく発展させたのです。

彼のホロスコープを見てみましょう。

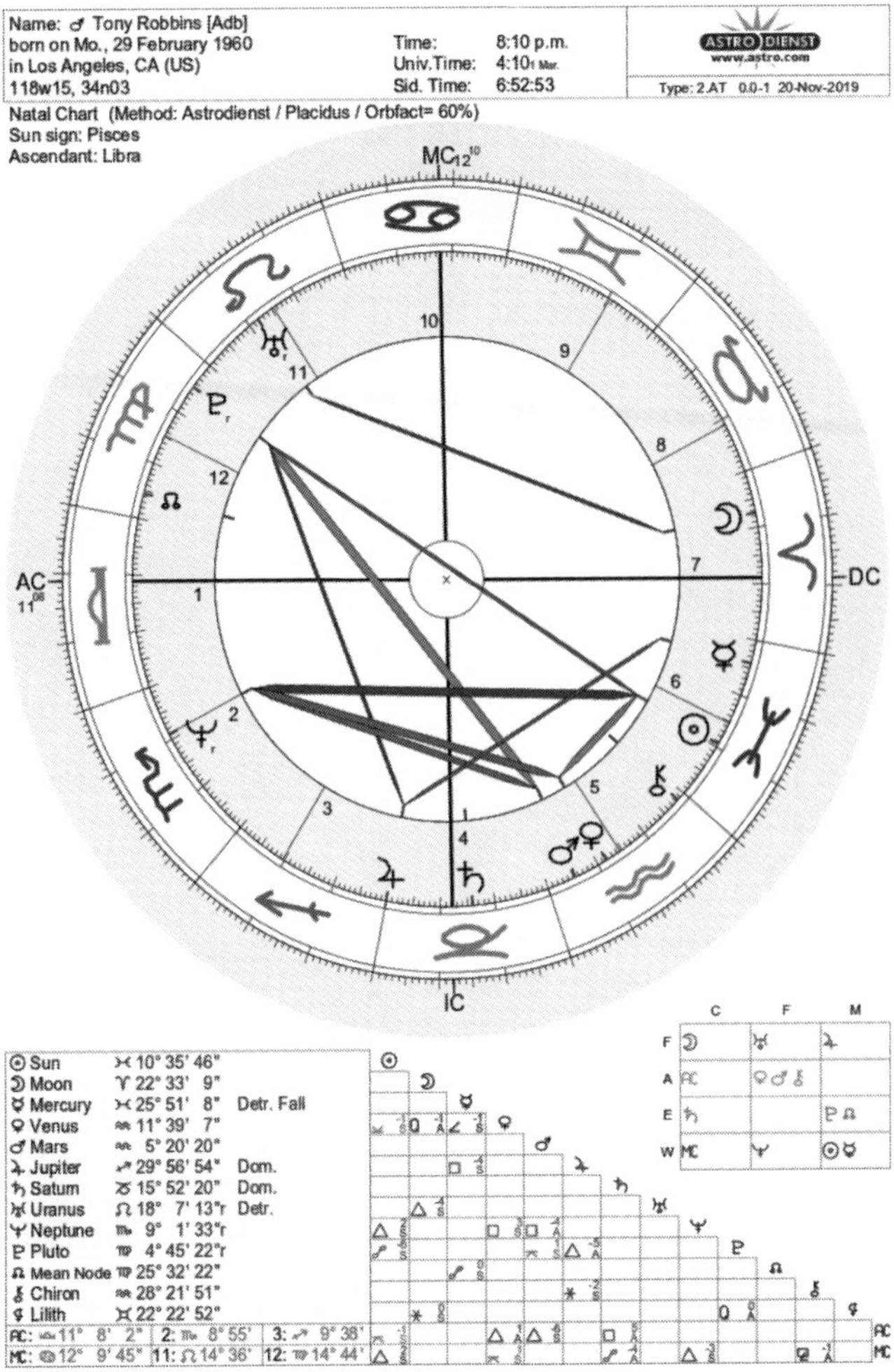

トニー（アンソニー）・ロビンズのネータルホロスコープ

木星は射手座3ハウスにあります。

射手座は思想や哲学、宗教、精神世界、自己啓発などに関係する星座です。

また、これらを広めたり、啓蒙したり、宣伝したりすることもこの星座の特性です。

3ハウスは、情報伝達やコミュニケーションに関わる場所です。

つまり、射手座3ハウスの木星は、「ある思想や哲学、宗教などを伝え、広めること」を意味します。

それが彼の人生を発展させたり、拡大させたりすることなのです。

射手座は広い場所や遠方、海外、遠距離移動を意味します。

だから、彼は世界中を行き来しながら、自分が学び、探求し、確立したメソッドを教え、広めたのです。

彼は「わずか30日間で人生をポジティブに変える!」といった自身が主演するテレビ番組を放映したり、本を執筆したり、大きなホールで講演したり、セミナーをしたりするという手法で、彼のメソッドを伝え、啓蒙していきました。

マスコミや出版は射手座の領域です。

射手座はとにかく広く、たくさんの人に伝えようとします。だから、公共の電波や公的な出版物、情報誌などを用いて行うのです。

射手座の木星は水星と冥王星と角度を作っています。
木星と角度を作る天体は、木星を活用するときに一緒に用います。
彼の場合は、
水星：情報、知識、会話、執筆、教育
冥王星：変容、刷新、再生
なのです。
だからこそ、人を「変容」させるメソッドに関する本を執筆し、セミナーを行い、テレビやラジオで語ったのです。

もし、彼の木星が同じ３ハウスにあったとしても、射手座ではなかったら？
たとえば、蠍座にあったとしたら、マスコミを使ったり、ワールドワイドに広めるということはせず、もっと限定的に特定の人々にだけこっそりと教えたり、伝えるといったやり方になるかもしれません。

蠍座3ハウスは秘密や人に知られたくないこと、公で話しにくいこと、トップシークレットや機密情報、ここだけの話や限定的な会話、オカルトやミステリアスな情報に関わります。

もし、木星が蠍座なら、それらについて書いたり、伝えたりすることが人生を拡大、発展させるのです。

このように同じ3ハウスの木星であっても星座が異なれば、活用方法はまったく違ってきます。

木星は公的な星です。

社会に向けて、あなたの木星のパワーを放つとき、あなたは自然に社会に貢献し、その対価として、お金や栄誉を受け取ることになるのです。

木星星座が教えるあなたの人生を拡大・発展させる方法

木星の力を活用するには、まず、あなたのネータルホロスコープの木星のある星座を知り、それに関わることをすることです。

トニー・ロビンズが人生を変えたいと思い、自己啓発や成功哲学を700も探求したようにです。

思想や哲学、自己啓発、探求、答えのない学びはすべて射手座の領域です。

しかし、射手座はほかにも海外や貿易、法律や広告、宣伝、出版、旅、教育といった意味もあります。

もし、木星が射手座でもあなたの関心が精神世界や哲学ではなく法律や貿易、海外や異文化などにあったり、マーケティングや宗教だとしたら、それをすればよいのです。

木星星座が牡羊座

牡羊座の強みは勇敢さと行動力です。木星が牡羊座にあるあなたが人生を発展させるカギは積極的に活動すること、考えているだけではなく、何事もやってみることです。

人に追随するのではなく、先頭に立って行動する。誰かがやってみてうまくいった方法を真似するのではなく、前人未到の、まだ誰もしていないことをする。

新しいことに挑戦する。

失敗するかもしれない。無駄になるかもしれない。損するかもしれない。そういうリスクを取ることによって、人生が開かれていきます。

もちろん、未知のことに挑戦するわけですから、思うような結果にならなかったり、徒労に終わることもあるかもしれません。また、頭から突っ込んで痛い目にあう可能性もあります。

でも、どんな経験であったとしても行動して得たこと、学んだこと、気づきは、すべてあなたの成長と拡大へとつながっていきます。

また、スピーディな行動と決断力も幸運を後押しします。

「運命は勇者に微笑む」

という格言通り、本当の意味で勇気を出した人を神は裏切りません。木星が牡羊座にあるならなおさらです。

分野としては未開発や発展途上にあるもの、新しいこと、世の中に生まれたばかりのサービスや立ち上げられたばかりの会社、戦うこと、人と競争すること、切磋琢磨すること、刃物や頭、脳に関係した事柄などがあげられます。

木星星座が牡牛座

牡牛座はお金や所有に関わる星座。木星も財産に関係します。だから、牡牛座に木星がある人はもともと金運や財運に恵まれています。

牡牛座は、五感が豊かであることが特徴です。味覚や聴覚、嗅覚などが非常に発達しているのです。ですから、あなたの成功や発展はこの豊かな感覚機能を生かすことがカギです。

たとえば、美味しいものが大好きでグルメならば、それを生かしたり、ワイン通なら、ワインに関わることをするなどです。

もし、牡牛座の木星が、情報発信に関わる3ハウスならば、グルメ情報を発信したり、ワイン講座などを開いてもいいかもしれません。

10ハウスならその分野のプロフェッショナルになることで地位や名誉を得やすいでしょう。ほかにも経済や金融、資産形成に関わる分野、音楽や芸術、「聞く」ことに関わること、声やのどに関係すること、自然や大地に関係すること、農業やガーデニング、花を育てたり、香水を作ったり、調合したり、アロマなどに関するものもよいでしょう。

たくさんの選択肢があり、迷う人もいるかもしれません。牡牛座はこだわりが強い星座です。あなたが強くこだわっているものや大事にしている価値観、長くコツコツと続けているものを選ぶことがあなたの人生を拡大し、豊かさをもたらすでしょう。

木星星座が双子座

双子座は好奇心が旺盛で、さまざまなことに興味を持ち、情報通でトレンドにも敏感です。

多才で器用でもあり、一つのことだけでは飽き足りません。

ですから、この星を生かすには、臨機応変に時代や環境、相手に合わせて柔軟に対応していくことです。

一つのことを長く続けている人やオタクな人にスポットが当たったりして、飽きっぽいことや持久力がないことを恥じる方が時々いらっしゃいますが、木星が双子座なら、無理に飽き飽きしているものを続ける必要はありません。

それよりも、変化する世の中から新しいものやあなたが「面白い」と感じる情報を集め、それを旬のうちにほかの人に伝えたり、教えたりすればいいのです。

双子座は情報や知識、通信、マスコミ、教育に関係している星座であり、また、話術に長けています。もしも、話すのが苦手なら文章を書くのもよいでしょう。

とにかく、木星が双子座の人は話すか書くか教えるかが開運につながります。

時代を読んだり、旬の話題を集めて、あなたのテイストを加えて発信したり、今この場所にはないものをどこかから仕入れて売ったりする商売やその商品の持つ魅力を伝える営業なども双子座木星を生かす道です。

双子座はその名の通り二つ以上のものを意味します。双子座の興味の幅は広いため、一つのことだけでは物足りなく感じ、飽きてしまいます。

ですので、「これっ」というものに絞ったり、特化するよりも、複数のことを同時並行していったほうが長く続けることができます。

興味とそのときの時流や身を置いている環境やまわりの人に合わせてフレキシブルに対応していく。それが双子座の木星の人が発展したり、人生を拡大していく方法です。

業種としては情報、メディア、教育、通信関係、SNSやコミュニケーションツールなどを活用したものが適しています。

木星星座が蟹座

蟹座は木星が最も力を発揮できる場所です。この位置の木星はとてもパワーがあります。木星と蟹座の共通点。それはどちらも「保護」の意味を持つところ。また、木星は成長をもたらす星であり、それは蟹座の養育とも関わりがあります。

蟹座の木星の持ち主が人生を拡大するキーワード。それは「慈愛」と「育成」、「親切心」です。人を慈しみ、育む。家族や仲間、身近な人との心の交流を大切にし、信頼関係を育てることです。

「情けは人のためならず」と言いますが、誰かのためや地域のため、会社のため、国のために一肌脱いだことが結果的にあなたの幸福や発展、栄誉へとつながっていくのです。

蟹座は家や家族、郷土や地元などを意味するため、それらに関わることや、人を育てたり、面倒を見たり、住居などの不動産やインテリア関係、手芸や料理など家事的なことなど、衣食住に関わることが拡大や発展につながります。

また、胃袋は蟹座に関係する部位ですので、食に関わることもよいでしょう。蟹座は庶民や大衆と関わりが深いので、高級レストランよりも家族みんながいっしょに食べられるファミリー向けやB級グルメを提供するお店などが合っています。

ここにくれば……この人たちといれば安全、安心。

そんな場所や人との絆を育むことが心の拠り所となり、あなたの人生を拡大、発展させることになるでしょう。

また、そういう場所がない人のための居場所づくりも幸運を招きます。

木星星座が獅子座

獅子座といえば、王者の星。存在感があり、威厳とパワーを放つ星座です。

メジャーかマイナーなら、メジャー、派手か地味かといえば、派手。表通りか裏通りなら、表通りが獅子座っぽい事柄です。

つまり、あなたの人生を拡大するには、王道でメジャー路線をいくことです。どんな分野であれ、一部のマニアだけが知っているとか、アンダーグラウンド的なことではなく、ほかの人から見て、わかりやすい、中心路線をいくべきでしょう。

目立つことや注目を集めることにツキがありますので、どんなことでも、何か人に誇れるものを持ち、それを周囲にアピールしましょう。

しかし、小さなエリアでの一等賞よりも、多くの人に知られているメジャーな大会やコンテストでの佳作のほうが価値があります。

そして、人によく誉められたり、自信を持ってできることがあれば、それを磨き続けることです。

獅子座の本質は楽しさや喜びですから、ただ、苦しいだけではなく、情熱や喜びを感じながらできることがよいでしょう。

また、自分には誇れるような能力や才能など何もないという方は、人気のある街やスポット、人気のあるお店やブランド、大スターに関わることをする。人気の業界や職種に就くといったことでもいいのです。

分野については、企画や演出力に長けているので、プロデュース業やイベント業、お祭りやエンターテインメント関係、スポーツ、ライブ、劇場関係、芸能関係、創造力や創作力を発揮するデザイナーやアーティスト、スターや政治家などが適しています。

また、ゲームやレジャー関係、マンガやアニメなど人を楽しませる業界や自己表現に関わること、ユーチューブやタレント、娯楽やギャンブルなどの産業も向いています。

株や投機なども獅子座に関わることです。

いずれにしても、あなた自身が楽しいと思うことを自信を持ってする。それが成功のカギです。

木星星座が乙女座

乙女座は勤勉で細やかな星座です。人に役立つことを喜びとし、与えられた仕事をきっちりと果たそうとします。

木星が乙女座にある人が人生を拡大し、発展させるには、持ち前の観察力や分析力を生かすことと、完璧主義を手放すことです。

人が見落としがちな細かい部分に目を向ける。人や物事、状況をじっくり観て、問題点や秩序が整っていない部分とその原因を突き止め、それを修正したり、調整する。

それを日々、記録したり、検証したりして自分だけではなく、まわりの人たちに役立てる。社会に貢献する。それによって、木星乙女座の人は自己肯定感を高め、自分に価値を見出すことができるようになるでしょう。

乙女座は他人の評価を気にしすぎ、ハードルをあげてしまいがちなところがあります。それにより、自分自身を過小評価したり、できていることよりもできていないことばかりに目を向けてしまうところがあるのです。それを解消するには小さな成果と貢献を積み上げることです。

また、細部にこだわりすぎると取るに足らないことに時間をムダに使ってしまうこともあります。最も重要なポイント、核心となる部分を見極め、そこを丁寧にする。あらゆることを引き受けたり、目につくことをすべて自分でするのではなく、自分がすることと人に任せることを明確に分けることも大切です。

どうしても「できない自分」が許せないならば、自分にとっては取るに足らないこと、無理なくできることを徹底的にやり続けましょう。あなたにとってはたいしたことがないと思えることでも、価値を感じる人はたくさんいるはずです。

また、乙女座は心身共に健康であることや清潔でクリーンな環境を好みます。ですから、ストレスをためこまず、適度な食事やエクササイズなどで体調を保つこと、とくに乙女座の部位である腸を整えることがプラスに働きます。

心も体も部屋や環境もクリアリングしたり、デトックスすることが運をあげるポイントなるでしょう。

木星星座が天秤座

天秤座は人間関係やパートナーシップ、他者との協力や協調に関わる星座です。木星が天秤座にある人は、人が幸運をもたらします。

ご縁を大切にし、人と協力したり、コラボしたりすることによってチャンスを得たり、人生を広げていくのです。

とくに1対1の関係や、与え、受け取るものがバランスの取れている人とともに手を取り合うことで、あなた一人ではできないことが可能になるでしょう。

また、天秤座は結婚に関係する星座ですので、結婚によって、社会的な地位や信用が高まったり、人生を発展させたり、拡大するチャンスをつかむ場合もあるでしょう。

結婚相手との関係が良好な場合だけでなく、不仲であったり、離婚したとしても、そのパートナーシップを通じて、あなたが社会の中で活動を広げる機会はもたらされるはずです。

また、天秤座は上品で洗練された優雅さによって人を魅了する星座ですので、エレガントな雰囲気や立ち振る舞い、多くの人に好感されるファッションやメイクがツキを高めます。

木星星座が蠍座

蠍座はとても深い情念の持ち主です。表面には見えなくても内側には激しい情熱を秘め、「これっ」と決めたものを追い求めるひたむきさがあります。

蠍座が木星の人が人生を拡大するには、強い欲望にフォーカスし、それを手に入れるために徹底的に取り組むことです。

その欲望はあなたの心の中にずっとあったものです。そして、人前で大きな声で言うのはばかられるようなことかもしれません。

「人に夢や希望を与えたい」

「幸せにしたい」

そういう耳触りの良いことではなく、

「モテたい」

「権力を手に入れたい」

「大富豪になりたい」

といった心の奥に秘めた欲望に本気で取り組むのです。その思いが人生をダイナミックなものにしていくでしょう。


また、蠍座のキーワードは破壊と再生です。何かを壊したり、再建したり、リニューアルしたり、リノベーションしたりといった分野に取り組むことにも適性があります。

蠍座は生死を超えて受け継がれるものに縁があり、木星がここにあると、家や財産を受け継いだりする傾向が強くなります。それらを生かすことも人生を拡大するカギです。

また、蠍座は人と深くつながることでパワーアップしていく星座ですので、力ある人の後ろ盾を得たり、他者の資本や信用、地位などをうまく活用することでチャンスをつかみ、財を築きます。

木星星座が射手座

木星星座が射手座はサンプルリーディングのトニー・ロビンズと一緒です。

射手座は弓矢のように的に向かってまっすぐに進んでいく星座です。

木星が射手座の人が人生を拡大・発展させるには、まず、あなたの理想や目的を明確にしましょう。

「こんな生き方がしたい」

「世界中を旅しながら生きていきたい」

「この教えを多くの人に伝えたい」

「もっと世の中がこうなればいいのに」

そういうあなたの内側から湧き上がる思いにしたがって、それを実現すべく、チャレンジすること。

できることからやってみること。それによってあなたの人生は開かれていきます。

射手座は高度な学びにも関係しますので、学問研究や人生の指針となるような哲学やスピリチュアルな教え、宗教などの信条を持ち、それにしたがって生きることはあなたの心の支えになると同時に人生を奥深いものにするでしょう。

また、海外や旅に関わること、行動範囲を広げ、さまざまな場所を行き来すること、貿易などに関わったり、出版や広告、宣伝など、モノや人を広めたり、伝える役割でも成功したり、財産を築くことができるでしょう。

行きたいところがあれば、遠くても行ってみる。

やりたいことがあったら、ハードルが高くてもトライしてみる。

そうやって、人が進むのをためらうようなところをひょいと乗り越えていくことで人生が拡大し、発展していくのです。

今ここに面白いことがなければ、探しに行く。それが人生を開くカギです。

木星星座が山羊座

山羊座は、現実的な成果や結果を手にするためにコツコツと努力する忍耐強い星座です。

あなたの木星が山羊座ならば、これが運を開くカギになります。

つまり、仕事であれ、遊びであれ、漠然と取り組むよりも、目標や手にしたい成果を具体的にかかげ、どうすればそれが実現できるかを考え、行動し続けることがあなたの人生を拡大し、発展させるのです。

それは、射手座の木星の人が掲げる理想よりも、もっと現実的で具体的なものです。勝敗のような明白な結果や数値で達成度をはかれるものがよいでしょう。

目標や成果を出すことはもちろん大切ですが、それに忍耐強く取り組むこと。思うような成果が出なかったり、停滞したり、スランプに陥っても、あきらめずに続ける。それによって継続力を身に付けたりすることで、成長し、実力が身に付き、社会の中で地位を得たり、組織の中で頭角を現すことができるようになります。

もともと山羊座は社会や社会的な地位に関わる星座ですので、木星が山羊座にある人は出世運に恵まれていたり、組織や集団の中で力を発揮することができます。

実力を育み、社会の中で夢や目標を実現する。これこそが山羊座木星が最も自信を持ち、輝いていると感じられるときです。

どんなことであれ、目標を一つ一つ達成していくことによって成長し、拡大発展していくことができるのです。

木星星座が水瓶座の人

水瓶座は、自由を愛し、独創的で型にはまらない星座です。また、博愛的で、仲間意識や友愛精神が強いのも特徴です。

そして、これが、木星が水瓶座の人が人生を開くカギです。

世間の常識や価値観に縛られることなく、独自のやり方や自分が信じることを貫く。限界を突破する。進んで新しい価値観や技術などを取り入れる。

仲間や友情を大切にする。

私利私欲ではなく、所属するコミュニティや地域など全体のことを考え、それぞれが自分らしく、自由に生きることができるように考える。

グループや仲間、ネットワークを広げる。

同じ理想や趣味を持つ人々とフレンドリーに関わりながら、共存共栄を目指す。また、組織や人を改革したり、変えること、そのために新しい技術や手法を取り入れること、ITや技術の力を活用することもあなたの人生を拡大し、発展させるものとなるでしょう。

木星星座が魚座の人

海王星が発見されるまで、木星は魚座の支配星でもありました。今でも魚座の副支配星です。つまり、木星は魚座でも強く働きます。

魚座は感受性が鋭く、目に見えないものを感じ取ったり、想像力にも優れています。また、芸術や芸能の才能にも長けています。

奉仕精神が旺盛で共感力が高く、人の痛みを自分のことのように感じられるのも魚座です。

そして、これらに関することが木星が魚座にある人が人生を拡大するキーワードになります。

目に見えないものに関わったり、想像力やイメージ力を生かしたり、共感力を発揮したり、人を助けること。

それによって、あなたの人生は拡大し、発展していくでしょう。

また、魚座は癒やしに関わる星ですので、ヒーリングやセラピー、医療に関わる分野でも成功しやすいでしょう。

魚座の支配星は海王星で海王星は水を意味します。海や川、水に関わること、水泳やサーフィン、水商売やサービス業なども幸運をもたらすものです。

人や社会に潤いをもたらしたり、心を癒やすことをすることが成功のカギとなるでしょう。

木星のハウスが教えるあなたに幸運や財運をもたらす分野

1ハウスの木星

１ハウスはその人の持って生まれた個性や人生の初期、体質などを表す場所。木星がそのハウスにあるということはあなたの生まれつきの才能や資質、環境や容姿などが幸福や発展につながったり、財運を拡大したりするのです。

歌手の宇多田ヒカルさんはこの配置です。

木星は外国に関わる射手座の支配星です。

持って生まれた歌唱力や音楽的な感性、ニューヨーク生まれで日本とアメリカに国籍を持ち、バイリンガルであり、プロデューサーと歌手という音楽家の家に生まれ、日本と海外を行き来して育つという環境や国際感覚も彼女の成功に大いに貢献しているはずです。

このように木星が１ハウスにある人は自分の個性や体質、特に木星のある星座に関わることを生かすことで人生が拡大していくことでしょう。

また、木星は楽観的な星。

木星が１ハウスにある人はポジティブで、人生に対して希望を持っていて自己肯定感の強い人です。そんな前向きさから幸運を引き寄せやすいでしょう。

2ハウスの木星

金銭や所有物に恵まれます。木星の年齢期である45歳以降に社会的に認められることにより財を築いたり、資産が増えやすいでしょう。反対に、お金をたくさん稼いだり、資産を持つことで、自己肯定感が高まり、成功しやすくなる面もあります。

2ハウスは金銭に転換可能な資質や才能を意味します。あなたの個性や資質を木星の星座に関わることを通して社会の中で発揮する。それが金運を高めるポイントとなります。

木星星座の示す分野、公共事業や法律、出版、広告宣伝、マスコミ、教育、精神世界、思想、哲学、海外、旅などが財運を高めるきっかけになることもあるでしょう。

3ハウスの木星

3ハウスに木星がある人は情報発信やコミュニケーションの分野においてチャンス

を得やすいでしょう。あなたが興味のある分野のことを積極的に学び、それを人に伝えたり、教えることで成功するのです。

短期間の旅行や近隣の人、兄弟姉妹や親戚の人との関わり、文章やメディア、SNS、ブログや著述、通信、初等教育などの分野が財運を高めます。

4ハウスの木星

家や家族に関する事柄に発展や財運がある人です。

裕福な家庭に育ったり、親から金銭的な援助を受けることもあるでしょう。

また、豪邸に住んだり、土地や不動産に恵まれる場合もあります。

生まれ育った地域や故郷にも拡大や発展のチャンスがあるので、そこで公的な仕事をしたり、住宅や不動産、ホテル、ペンション経営の分野でも成功しやすいでしょう。

5ハウスの木星

企画力や演出力に優れていて、それらに関わることが発展や幸福につながります。エンターテインメントやアミューズメント、レジャー関係、子どもに関する事業にも適性があります。5ハウスはギャンブルや投機に関わる場所ですが、実際にそれをするよりは、それらを扱う会社や組織に関わったり、事業として行うほうが財産や富を築くことができます。

また、5ハウスはロマンスの部屋です。恋愛運に恵まれやすく、恋愛の回数が多いか、社会的な地位のある恋人を得やすい傾向があります。

子どもも幸福をもたらす存在となるでしょう。

6ハウスの木星

責任感が強く、奉仕精神が旺盛なため、職場で評価されたり、仕事に恵まれるなど、働くことで、財を築くことができる人です。

大企業で働いたり、資格を生かしたり、公共的な仕事をすることが発展性のカギになります。

職場環境は良好で、同僚や部下からの協力も得られるでしょう。

健康関係や介護、福祉、医療、衛生関係、ペット関係の仕事に適性があります。男性なら自衛官などにも向いています。

7ハウスの木星

良い人脈や人間関係に恵まれ、それらを通じて財を築いたり、恩恵を受けやすいでしょう。有力者や社会的地位のある人からの援助に恵まれたり、結婚やパートナーシップによってステイタスや信用を築くことができます。いわゆる玉の輿運の持ち主です。

また、取引や契約は有利に働いたり、法的なことに関して勝算が高い人です。

8ハウスの木星

人の死や、他者から何かを受け継いだり、引き継ぐことによって人生を拡大させたり、財を築くことができます。親の財産を受け継いで、それを元手に資産を築いたり、利子や配当などの不労所得を得ることもできるでしょう。また、融資なども受けやすい配置です。

大手や資本力のあるところと関わりそれらの信用を活用することが富を築いたり、人生を拡大したりすることにつながります。

人と深く関わることからも恩恵を受けやすいので、寛大で善良な人、有識者、力ある人と濃いつながりを築くとよいでしょう。

9ハウスの木星

物事を高い視点から見る俯瞰力や視野の広さの持ち主です。行動範囲を広げたり、高い教養や高度な専門知識などを身に付けることが発展や人生の拡大につながるでしょう。

学術関係、研究者、出版、広告関係、海外や貿易、法律に関する事柄で社会的に認められ、成功しやすいでしょう。

宗教や思想、哲学、精神世界などの分野においても財や富を築くチャンスがあります。

10ハウスの木星

上司や目上の人など、社会的地位の高い人に引き立てられやすく、そのつながりを通して、社会的立場や名声を築くチャンスに恵まれる人です。

大手企業や出版関係、法律関係、宗教関係、旅行関係に適性があり、それらの仕事が成功につながりやすいでしょう。

45歳以降に社会的な成功をおさめやすいでしょう。

11ハウスの木星

仲間や友人、同志との交流や団体活動、連盟などへの所属とそこでの活動を通じて、ビジネスの拡大や人生上の発展のチャンスを得ます。

11ハウスは願望の部屋でもあり、この位置に木星があると願望が叶いやすいでしょう。その実現には、社会的な有力者や地位ある友人が協力やサポートをしてくれます。

人間関係を大切にすることが財を築くカギです。

12ハウスの木星

木星は守護の星。12ハウスは背後の場所です。この位置の木星は天使に守られている配置とされます。

奉仕精神が豊かで、陰ながら、世のため、人のためになることをしようとするため、その善行が報われやすく、ピンチに陥りそうになってもどこからともなく、救いの手が現れたり、幸運や加護に恵まれやすくなります。無意識のうちに危険を察知する直感力もあります。

感性や芸術性を生かした分野やインターネットやイメージ産業、癒やし、医療関係、セラピーやアート、芸能などの分野に発展や拡大のチャンスがあるでしょう。

ボランティア活動や慈善事業なども財運を後押しします。

冥王星：掘り起こせば金脈が湧き出てくる場所。秘めたパワーを出し、集中力を発揮して富を呼び込む

破壊と再生の星として知られる冥王星ですが、大きな富や権力、カリスマとも関わりが深い星です。大きな財を築く人は木星と冥王星の角度（巨万の富のアスペクト）を持つと言われています。

これは、木星も財産、冥王星も富であり、さらに冥王星の富を木星が拡大するからです。

でも、もし、あなたのネータルホロスコープに木星と冥王星の角度がないからといって、

「巨万の富を築くことは無理なんだ」

とあきらめる必要はありません。

天空の木星は12年かけて、ホロスコープを一周します。ですから、最低、12年に一回はあなたのネータルホロスコープの冥王星と重なりますし、また、何度も角度を作るからです。そのときに富を得るチャンスがやってきます。

しかし、それには、あなたのホロスコープの冥王星が示す人生の根底に強く流れるテーマや強い目的意識を知り、それを受け入れる（そこから逃げない）ことが大切です。

ホロスコープの中の冥王星がある場所は、掘り起こせば、石油や温泉が湧き出てくるような可能性とパワーを秘めた場所です。

しかし、石油や温泉を簡単に掘り当てることができるでしょうか？

温泉を掘り当てるには、地下深く１０００メートルくらいは掘るそうです。

これは、気合いと根性だけでできることではありません。また、闇雲に掘っても出る可能性は低いでしょう。実際には、温泉が出るかどうかを調査し、採掘の許可を得る手続きをし、機材を購入し、人員を配置する必要があります。

これは、それなりの費用や時間がかかり、生半可な気持ちではできません。また、掘り当てることができるだろうと信じる気持ちやその裏付けがあると同時に、損をするというリスクを受け入れることでできることです。

冥王星もこれと同じようなイメージです。

つまり、覚悟と信念を持って、根気強くそれに取り組むこと、深く探求したり、徹底的に調査したり、不屈の精神で行う。

そうすることで金脈を掘り当てることができるのです。

1ハウスの冥王星

鋭い洞察力や強い探求心を持つ人です。

おとなしく見えても内側には強い意思を持ち、独特の存在感があります。

権力へのあこがれも強く、人への影響力を持つことを望みます。

人や物事の本質を見抜くこと、価値があると感じたり、心惹かれたものを徹底的に追い求めること、集中力を発揮することが富を築くカギです。

2ハウスの冥王星

家や家族のため、借金を返すため、どん底から這い上がるためなどの理由で、お金を稼がなくてはいけない。

そういった状況になりやすいかもしれません。

しかし、本当はお金自体はあなたの目的ではありません。

それはお金を稼ぐという名目で、あなたの個性や才能、底力を発揮させるためです。

どうしたら、あなたの本質や才能を生かして富を生み出すことができるか?

それを、徹底的に考え、粘り強く取り組みましょう。

冥王星の示す、再生や再構築、生死に関わること、あの世とこの世をつなぐようなこと、先祖から受け継いだＤＮＡを生かしたり、相続に感すること、真相を解明したり、探究したり、研究したりすること、心理学や霊的なことによって富を築く場合もあります。

３ハウスの冥王星

あなたには物事の真相を深く知りたいという強い探究心があります。

興味を持ったことは徹底的に調べないと気が済まない人であったり、マニアックな情報や知識を得ることに没頭する場合もあります。

その徹底した情報収集力や調査能力によって、人や国などの秘密を暴いたり、真実を追及したりすること。

それがあなたの金脈となるでしょう。

中途半端な知識や情報、誰もが知っていることではなく、人がなかなかたどり着けない真実を知ることが富を築くカギです。

4ハウスの冥王星

家族の中に強烈な個性を持つ人がいたり、極端に厳格であったり、支配的な親によって極端な生活をしやすいかもしれません。

ものすごい豪邸から一変して、一間しかないアパートで家族で身を寄せ合って暮らしたり、また、家族の借金などの理由で、経済的な変動を味わい、普通の人はしないような経験をして、家族関係に複雑な思いを抱いている場合もあります。

家や住居に関することで強烈な体験をすることもあるでしょう。

しかし、その経験を通して、安心して暮らせる環境や本当に安らげる家庭を築くことを心の底から切望するでしょう。

真の居場所づくりや本当に信頼できる強い絆を作ること、家族や家にある因縁や負の遺産を断ち切り、再生や再構築のために奮闘することがあなたのパワーを呼び覚まし、それが金脈につながっていきます。

自分が築いた家庭では権力を発揮し、中心となる人です。

5ハウスの冥王星

マニアックな趣味を持っていたり、遊びや恋愛、ギャンブルなどにのめりこみやすい性格の持ち主です。そこでする極端な体験やそこから派生した独創的な感性があなたの金脈へとつながりやすいでしょう。

恋愛で大きな痛手を負ったり、ギャンブルで大損するなど、ダメージの大きなことであるとしても、それを逆手にとったり、踏み台にすることで人生を大逆転させたり、無から有を生み出すことができます。

あなたの中には創造や自己表現への強い欲求があるので、その経験を面白おかしく語ったり、実体験をドラマや脚本にしたり、脚色して何かの形で表現するのもよいでしょう。共感者が現れたり、強烈な個性や生き様が支持されて、カリスマ的な人気を得たりする可能性があります。

独自性、深い洞察力を発揮することが財へとつながる人です。

6ハウスの冥王星

6ハウスに冥王星がある人は、仕事に対して、極端な面が出がちです。昼夜を問わず働き、限界まで体を酷使したかと思えば、働かずにブラブラしていたり、惰性で仕事をしたりすることもあるでしょう。

また、仕事で権力争いに巻き込まれたりもします。

あなたがどんな仕事に就いていたとしても、鋭い洞察力や探求心、徹底力を発揮しましょう。そうすれば、あなたが携わる分野において、権威者やカリスマ的な存在となるはずです。

しかし、中途半端に仕事をしたり、手を抜いたりしているとそうはなりません。強いこだわりがあったり、寝食を忘れるほど熱中できたり、多大なエネルギーを仕事に注ぎこめる職業を選びましょう。

また、人の心や体を再生したりすることや、組織改革や再構築などの分野や研究職であなたの能力が認められ、大きな富を築くこともできるでしょう。

７ハウスの冥王星

７ハウスに冥王星がある人は、人間関係やパートナーシップを通じて、強烈な体験をしたり、変容を遂げたりします。

相手をコントロールしようとしたり、逆にされたり、裏切ったり裏切られたりなどの経験を通じて、他者に対する深い洞察力やどうやってお互いの異なる欲求や要望の一致点を見出すかといったことを学んでいくでしょう。

また、極端な性格や頑固でこだわりの強い人、偏屈な人に対処する術《すべ》を身に付けていく場合もあります。

それらによって、あなたは自分の味方になってくれる人や関わる人の本音や本性を素早く見抜いたり、人間関係において、優位に立つことができるようになっていくでしょう。

その人間関係における洞察とスキルこそがあなたに富をもたらすものとなるでしょう。

8ハウスの冥王星

8ハウスに冥王星がある人は、大きな財産や先祖からの強烈なDNA、家系的な特性、場合によっては借金など宿命的なものを受け継ぐ傾向があります。

それらは、あなたの人生に強い影響を与え、有無をいわせぬ強制力を持ちます。家督を受け継がなくてはいけなかったり、職種も自分の意思ではなく、選ばされるかもしれません。

また、先祖や個人の意思を受け継ぎ、その思いを遂げるために何かをしなくてはいけない場合もあります。

そして、それらを果たすことがあなたの富や財産へとつながっていくでしょう。

また、8ハウスの冥王星には、他者の財政を立て直すという意味がありますので、親やパートナー、親族の借金の尻ぬぐいをするような立場になるかもしれません。

しかし、それを通じて、あなたの財政手腕といった能力が引き出され、大きな富を築いたり、

「普通の職業では借金は返済できない」と選んだ職業によって大成功したりといったことにつながるのです。

また、あなたが家系的な問題を終わらせたり、先祖から受け継がれてきた因縁を刷新したりする場合もあります。

9ハウスの冥王星

精神世界や思想、哲学、教育、宗教といった分野にのめりこんだり、徹底的に探究する人です。

それによって、宇宙の法則や仕組み、深い叡智を理解し、世の中の見方が変わったり、より高い意識から状況を知覚するようになります。

先祖や守護霊、宇宙意識や高次元の存在とつながったり、霊的なメッセージを受け取ったり、そこまでいかなくても直感力が増す場合もあるでしょう。

それがあなたの金脈となり、富を生むことにつながります。

また、学び探求したものの中から、

「これ！」

というものを見つけたり、誰かに託されて、特定の思想や哲学、スピリチュアル分野における啓蒙者や教祖的な役割をすることもあるでしょう。

10ハウスの冥王星

冥王星は徹底力によってとことん物事を追求する星です。10ハウスに冥王星がある人は、それを仕事や社会活動の中で行います。その結果として、特殊な肩書やカリスマ的な地位が与えられます。

しかし、冥王星はオールオアナッシングの星でもあります。つまり、0か100か。この位置に冥王星があると、心底打ち込めることを仕事にし、ほかの人が簡単には追随できないような地位を築くか、逆に、仕事をまったくしなかったり、地位や名声を避け続けるかどちらかになりがちです。

富を築くという観点でいえば、この位置に冥王星があるなら、仕事に打ち込むことです。強いこだわりがあったり、寝食を忘れて熱中できるような分野を仕事にしたり、特殊性やマニアックさを大いに発揮しましょう。

それによって、あなたの潜在的な能力が開花し、第一線で活躍したり、権威者となり、富を築くことができるでしょう。元メジャーリーガーのイチロー氏がこの配置です。

11ハウスの冥王星

11ハウスは仲間や友人、願望の部屋です。この位置に冥王星がある人は、強い野望やこの人生でこれを実現するという目的意識を持つ人です。それは、一人では達成が難しいことで、それには、特殊な専門家集団や強烈な個性や才能を持つ仲間や友人、研究者などの助けが必要でしょう。

その人脈や特殊な団体や組織に属することが、あなたにとっての富を運んでくるでしょう。機密情報や特定の人しか知りえない知識や、特定の組織の人やコネクションによって与えられる特権によって財を築く場合もあります。

12ハウスの冥王星

心の傷や肉体の病気、遺伝性の病気やトラウマなどによって自分の内面と強制的に向き合わされる配置です。それを癒やすためにさまざまなセラピーやヒーリング、瞑想、潜在意識についての探求を行ったり、

「人は何のために生きるのか？」

「カルマとは何か？」

といったことを突き詰めたりする場合もあるでしょう。それらによって深い洞察を得たり、霊的な能力が目覚めたり、鋭い感覚やヒーリング能力が高まったりします。

それらが、人生を変容させたり、富へとつながっていきます。

お金や豊かさは自分で築くとは限らず、保険や相続などを通じてもたらされる場合もあります。

ワーク：あなたが豊かになる方法を見つけるための五つの質問

あなたに豊かさをもたらす星・金星、木星、冥王星の星座とハウスから、あなたが豊かさを得るカギを分析してみましょう。

Q1. 金星星座はあなたがどんなことに、愛や喜び、楽しみを感じることを示していますか？　12星座表や金星星座のページをもとにキーワードを三つ書いてみましょう。

・
・
・

Q2. 金星のハウスは、その喜びや楽しみをおもにどの領域で発揮することを示していますか？

ハウスの解説や金星とハウスのページからあなたが好きなことや楽しんでいること

と一致するものを探してキーワードを三つ書いてみましょう。

・・・

Q3. 木星星座はどのようなことが、あなたの発展や拡大につながることを示していますか？　12星座表や木星星座のページをもとにあなたが最もピンとくるキーワードを三つ書いてみましょう。

・・・

Q4. 木星のハウスは、あなたが拡大、発展したり、幸運に恵まれるのはどのような分野や領域であることを伝えていますか？

ハウスの解説や木星とハウスのページから該当するものを探して、そのエピソードを三つ書いてみましょう。

・・・

Q5. 冥王星のハウスは、あなたが大きな富を築くためにどのようなことと徹底的に向き合ったり、深く探求することを伝えていますか？

ハウスの解説や冥王星とハウスのページから該当するキーワードを探して、ピンときたキーワードを三つ書いてみましょう。

・・・

第4章

お金のハウスが教えるあなたのキャッシュポイント（収入に結びつく分野）

収入や価値観を表す2ハウス

ホロスコープで財政的な事柄を見る場合、重視するポイントがあります。

その中でも、その人が獲得したり、創造するお金のパワーを見るポイントを「キャッシュポイント」と呼んでいます。

キャッシュポイントとは文字通り、キャッシュを生み出すポイント、「収益を生み出す機会」、収入を得る方法のことです。

そのキャッシュポイントを読み解き、あなたらしく収入を得る方法を探していきましょう。

ホロスコープで自分のお金や収入はお金の部屋と呼ばれる2ハウスが関係します。

2ハウスは、本人の資質、個性（1ハウス）をお金に換える力を司る場所です。

このハウスの状態を調べることによって、その人のお金を儲ける才能のありかやその人の金運、財運、所得の傾向などを読み解くことができます。

2ハウスは、自分が自由に使えるお金や流通する財を示します。

ホロスコープでお金に関係する場所としてはもう一つ、8ハウスがあります。しかし、8ハウスは他人のお金。

パートナーのお金であったり、遺産や配当収入、○○手当のような国や行政から受け取るお金、宝くじなどのタナボタ的な収入を示します。

これらもキャッシュではありますが、あなたが創造したり、コントロールすることができません。

だから、あなたが創造する（コントロールする）ことができるお金としてのキャッシュポイントということで、2ハウスを読み解いていきます。

第2ハウスの始まりのことをカスプ（境界線）といいます。ここは1ハウスと2ハウスの境界線だからです。

あなたのキャッシュポイントを読み解くには、2ハウスのカスプの星座を知る必要があります。

これは生まれた時間が必要ですが、生まれた時間がわからない場合にはソーラーハウス方式を用いることができますので、あなたの太陽がある星座の次の星座のところを読んでください。

たとえば、あなたの太陽が牡羊座なら、次の星座は牡牛座となります。太陽が蠍座なら、次の星座は射手座となります。

次ページのホロスコープサンプルで具体的に見てみましょう。

ホロスコープの円の中に書かれた数字がハウスの番号です。

そのハウスに星がある場合、天体は○ハウスにいると読みます。

たとえば（1）のホロスコープでは、「2」と書かれた部屋が「♍」のマークのところから始まっています。

ですので、「2ハウスのカスプは乙女座」ということになります。

ホロスコープの２ハウスのカスプ

（1）出生時間がわかっている場合

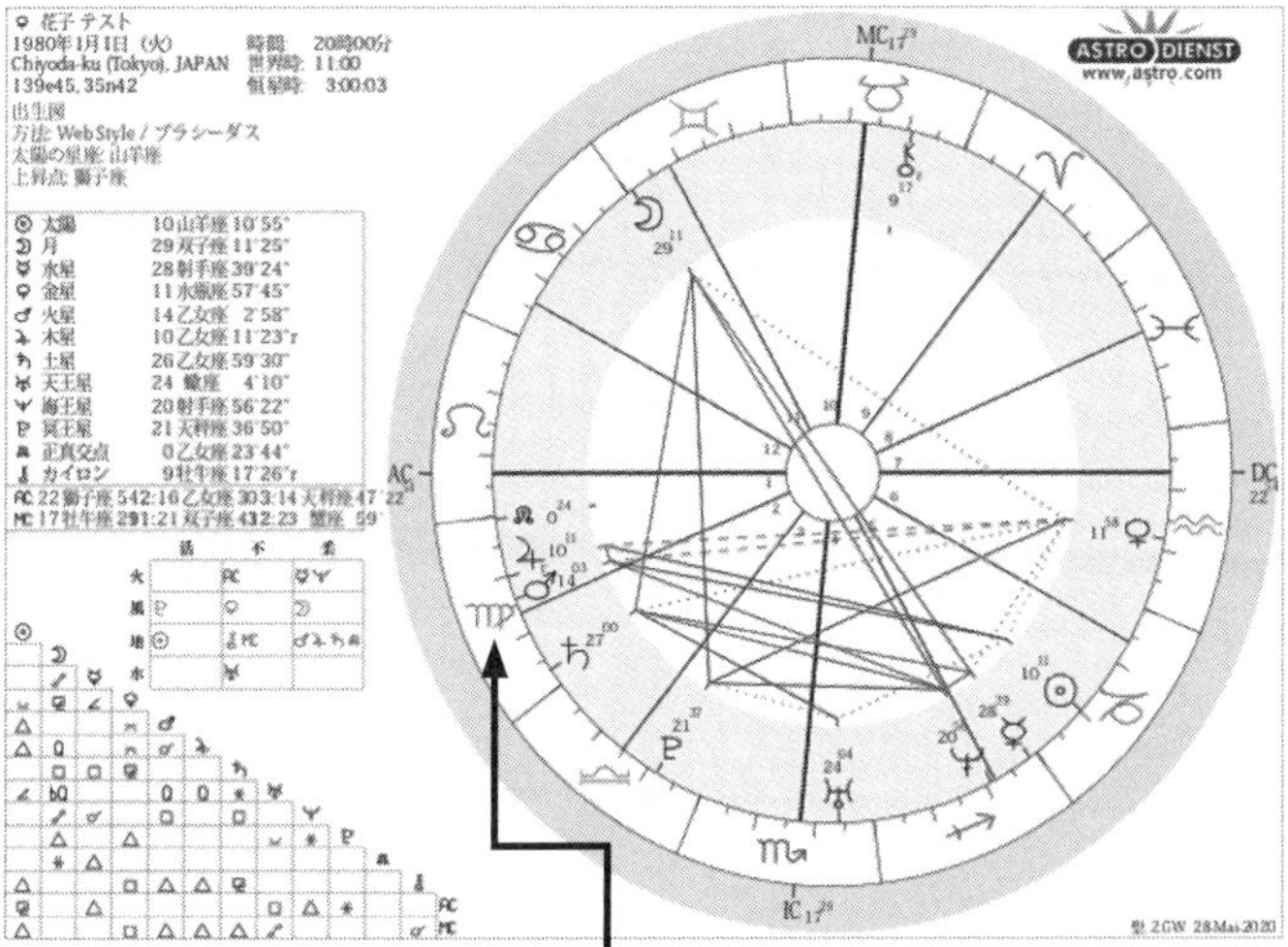

２ハウス（円の真ん中の数字がハウス番号）の始まりが乙女座（♍）なので、２ハウスのカスプは乙女座となります。

（2）出生時間がわからない場合（ソーラーサイン）

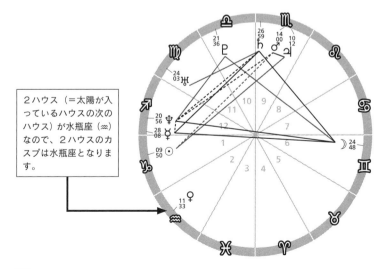

２ハウス（＝太陽が入っているハウスの次のハウス）が水瓶座（♒）なので、２ハウスのカスプは水瓶座となります。

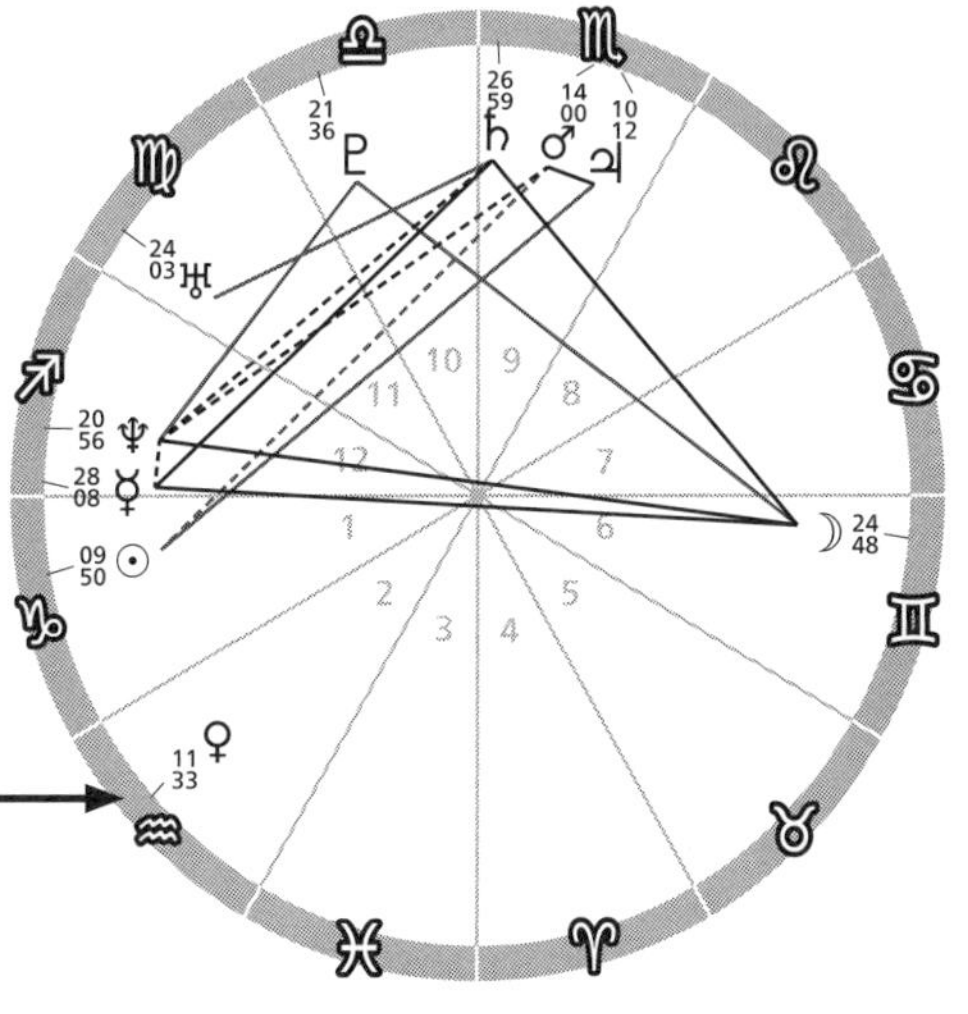

2ハウスのカスプの星座が教える
あなたに合った収入の生み出し方

2ハウスのカスプの星座はあなたの収入の傾向や、あなたらしくお金や価値を創造する方法を教えてくれます。

2ハウスのカスプが牡羊座

牡羊座は、情熱的な火のエレメントに属し、活動宮です。牡羊座は行動力があり、積極的な性質を持つため、この星座が2ハウスのカスプにあたる場合、金銭の流れもアクティブとなります。

あなたがお金や価値を創造するにも積極的かつ意欲的に行動するのがよいでしょう。お金は貯めこむよりも、積極的に動かしたほうが、金運が高まります。

牡羊座は12星座の始まりの星座で、冒険心も旺盛です。ですから、お金も「新しいもの」に使うとよいでしょう。

まだ、始まったばかりのサービスや未知の体験をする、新しい会社や市場に投資をする。起業や冒険をするためにお金を使うことがあなたの価値や収入を高めたり、金銭の流れを良くします。

牡羊座はスピーディでせっかちなところがあるので、金銭を生むのに時間がかかりすぎるものはあまり向いていません。

2ハウスのカスプが牡牛座

牡牛座はお金や所有に関わる星座で、支配星は金星です。

2ハウスのカスプが牡牛座にあたる人は、安定を望む気持ちが強く、金銭欲や所有欲も強い傾向があります。

興味のあることや価値を感じるものには惜しまずお金をつぎこんだり、衝動的に高価なものを買ってしまうようなところもありますが、基本的に堅実で、遊んだり、楽しむためのお金には困らないほうでしょう。

牡牛座は不動宮の地の星座に属しますので、蓄財の方法はコツコツと時間をかけて一定額を投資する方法が合っています。動かざること山のごとしで、むやみやたらに引き出したり、預け替えたりしないほうがよいでしょう。不動産など換金しにくいものにお金を換えるのも適しています。

2ハウスのカスプが双子座

双子座は「二つ」という意味がありますので、2ハウスのカスプが双子座にあると、二つ以上の収入源を持ちやすくなります。

金銭は流動的で、収入が多い一方で支出も増えやすい傾向があります。

情報、文筆、商業、セールスや販売力、話術、知識が収入をもたらします。とくに、アセンダントが牡牛座か双子座なら、商才に長けていて、お金儲けが得意で、アセンダントが牡羊座なら、起業に向いています。

一方で、手の広げすぎや飽きっぽさが足を引っ張るので、その点は注意しましょう。お金は知識や情報に換えると金運がアップします。

2ハウスのカスプが蟹座

蟹座にはモノをためこむという性質があります。そのため、2ハウスのカスプが蟹座の人はお金やモノをためこむ傾向があります。何かのコレクターであったり、古いおもちゃやマンガなどを取っておいたりして、それがお宝となったり、プレミアがついて高値で売れたりすることもあるでしょう。

また、蟹座は家に関わる星座ですので、不動産や家賃収入などにも縁があります。蟹座は活動宮に属するので、ある程度蓄えたら、銀行に寝かせておくのではなく、動かしたほうが金運は上昇します。ギャンブル的なものではなく、安定感のあるもので、住宅や土地などに関係したものにツキがあります。

家族、奥さんや母親からの資金援助なども期待できます。

2ハウスのカスプが獅子座

財運はパワフルで、ダイナミックです。楽しんだり、遊んだりするお金には困らないでしょう。一方で、贅沢で浪費しやすい傾向があるため、お金はなかなかたまらないかもしれません。山っ気があり、投機やギャンブルにはまると抜け出せなくなる可能性があります。運は強いほうですが、のめりこみすぎないように注意すべきです。

獅子座は不動宮ですので、簡単には出し入れできない、なおかつ安定感のある貯蓄法がオススメです。大手の金融機関やメジャーで人気のある投資方法や商品が合っています。個性を発揮したり、自己表現することで収入を得やすいでしょう。

2ハウスのカスプが乙女座

乙女座は几帳面で、管理能力に優れています。金銭の出入りを細かくチェックしたり、出費に対しても、本当に必要なものかどうか入念に調べたりするところもあるでしょう。

分析力や観察力、文章力や専門知識を生かしたり、職人的なこと、細かい作業によって収入を増やすことができるでしょう。

お金の出入りは細かく、複数の収入源からチョコチョコと入金されたり、ポイントなどをマメに換金したりするかもしれません。とくにアセンダントが蟹座や乙女座だと、こまめに節約したり、アンケートにこたえたりなど細かい作業の積み重ねで蓄財する傾向があります。

2ハウスのカスプが天秤座

天秤座は調和とバランスを重視する星座です。２ハウスのカスプが天秤座だと、金銭に対して、優れたバランス感覚を備えており、楽しんだり、社交のため、趣味や芸術のためにお金は使うけれども、無駄な浪費はしないとか、出すところと抑えるところのメリハリをつける傾向があります。

天秤座は人間関係の星座ですので、人と協力したり、交際によって金運が増すので、人付き合いやお礼などには適度にお金を使ったほうが財運が高まります。

結婚や共同事業も金運上昇につながります。

2ハウスのカスプが蠍座

蠍座はミステリアスな星座です。2ハウスのカスプが蠍座にあると、お金に関して謎めいたところがあります。

見た目や職種からはイメージできない高価な家に住んでいたり、車などを所有していたり、その逆というパターンもあります。また、お金に対して極端さが出る場合もあります。お金をまったく使わないか、こだわりのあるものには徹底的に使うか、お金に執着するか、まったく無関心であったりといった具合です。

また、他者のお金を管理したり、集団、組織をマネージメントしたりすることによる収入もあるでしょう。裏金など秘密めいたお金にも縁があり、隠し財産や巨額のへそくりを持っている場合もあります。

２ハウスのカスプが射手座

流動的ではありますが、金運は良好です。国家資格や大企業や組織からの収入や海外、輸入、貿易、法律関係の事柄によって金銭を得やすいでしょう。

公的な資格を取得したり、語学や高度な教育を受けることが収入を拡大するカギとなります。複数の収入源を持つことも可能ですが、メインとなる収入源は一つあり、もう一つは副業という感じになるでしょう。

金運だけでなく、所有物に関してもツキがあり、購入していた家や土地が高く売れたり、再開発や立ち退きなどで行政に売却するといった場合もあるでしょう。

投資は海外に関係したものが合っています。

２ハウスのカスプが山羊座

年齢とともに収入が増えたり、金運が安定する傾向があります。若い頃はお金に苦労したり、悩まされることがあるかもしれません。

節約したり、ためこむよりも動かすことで増えていく傾向がありますが、収入のすべてを使ってしまうのではなく、少額でもいいので、積み立てていきましょう。

山羊座は時間に関係する星ですので、時間を味方にすることで、小さなお金をコツコツ積み上げて、大きな財産を築くことができます。

短期間で大きく増やそうとしたり、一攫千金を狙うとかえって損失を被ることもあるので、お金に対しては手堅く、慎重にいきましょう。

2ハウスのカスプが水瓶座

意外性があり、予測不可能な金銭運の持ち主です。思いがけないことから収入を得たり、ちょっと変わったことがお金になりやすいでしょう。

アイデア力、発明、発見が収入に結びつくでしょう。これからの時代を先読みしたり、先端技術や変わったスキルを身に付けたりすることも金運アップにつながります。

また、人が持っていないもの、変わったものにお金を使う傾向があります。金運は変化しやすいので、貯蓄や投資は安定性が高く、リスクが低いものを選んでおくとよいでしょう。

2ハウスのカスプが魚座

お金は流動的で気づかないうちに増えたり、減ったりしている傾向があります。とくにアセンダントが水瓶座か魚座の場合、金銭に対する執着はあまりなく、感覚的にお金を使う傾向があります。

しかし、直感力に優れているので、一見、無計画のように思えても、実は生きたお金の使い方がうまいタイプで、使っただけのメリットが将来生きてくる人です。

まとまったお金があると気分が落ち込んだときに買い物で発散したり、飲み明かしたり、人に貸したりということをしがちなので、絵画や楽器などを買ったり、自分の心を癒やすことに使うとよいでしょう。また、芸術的なことや感性を生かすこと、癒やしやセラピーなどが収入に結びつくので、それらのスキルを磨いたり、学ぶことに使うのも有益です。

お金の部屋の天体が教える あなたにお金や価値をもたらすもの

2ハウスにある星たちは、あなたがお金や価値に換えることのできる資質や能力、お金に対する態度を示します。

2ハウスには天体がない人もいます。

天体がない人は、2ハウスのカスプの支配星のところを読んでください。

例

2ハウスに星がなくて、2ハウスのカスプが牡牛座
牡牛座の支配星は金星
金星のところを読む

次ページの「星座と支配星一覧」で各カスプの支配星が確認できます。

星座と支配星一覧

牡羊座：火星
牡牛座：金星
双子座：水星
蟹座：月
獅子座：太陽
乙女座：水星
天秤座：金星
蠍座：冥王星、副支配星　火星
射手座：木星
山羊座：土星
水瓶座：天王星、副支配星　土星
魚座：海王星、副支配星　木星

2ハウスの天体が太陽

太陽は目的意識であり、生命エネルギーを表す天体です。

この位置に太陽がある人は、「お金を得ること」への強い願望を持ち、それが人生の目的の一つでもあります。

自己表現や創造性を発揮したり、公的な場所で地位を得たり、責任のある立場を得ることで収入を増やすことができるでしょう。

株や投資などで財産を築くチャンスもありますが、怪しいものやよくわからないものには投資せず、投資対象も人気のある業界や有名企業などわかりやすいものを選ぶのがよいでしょう。

太陽は父親や夫、地位や力がある人を示しますので、彼らからの収入や利益も期待できます。

2ハウスの天体が月

月は満ち欠けする天体です。そのため、ここに月があると、普段使うお金には困らないものの、お金の出入りや収入、収入源は流動的で、変化に富むものとなるでしょう。月は心や感情、欲求を表します。お金や物質的な事柄に、関心が高く、無意識のうちにそれを追い求めるようなところがあるでしょう。

経済状況と感情、気分が連動しやすく、お金がない状態や減っていくことに不安を覚えがちです。

物質的かつ金銭的に豊かな状態であるときに心に余裕があり、穏やかに暮らすことができるでしょう。

月は女性や母親、妻、一般大衆を表す天体です。人気にも関わります。女性や母親や妻からの金銭援助があったり、一般大衆や主婦、女性相手の人気商売に適していいます。

生活雑貨や日用品、感情や心を扱う分野で収入を得ることができます。

人気運に恵まれ、それに比例して収入も増えますが、安定はしにくいでしょう。

2ハウスの天体が水星

水星は知性や能力の星です。水星がここにあると、お金を創る才覚があります。資産運用や財産を築くこと、モノやお金に関する情報収集が得意です。

また、人とのコミュニケーションからお金や利益を出すためのアイデアが浮かんだりしやすい人です。

水星が司る分野である情報や知識、コミュニケーション、文章を書いたり、人に何かを教えたり、人前でスピーチや司会をしたり、本や文房具や教育に関係したことから収入を得やすいでしょう。

水星は学生を表しますのでそれらの人たちに価値を与えることでもお金を得ることができます。

また、この位置の水星は、副業を意味しますので、本業以外にも収入源を持ちやすい傾向があります。

２ハウスの天体が金星

喜びや楽しみの星・金星がこの位置にあると、趣味や好きなことを通じてお金を得ることが容易となるでしょう。

アクセサリーやファッション関係、美容関係、美術・芸術関係、お菓子など美しいものやあなたが大好きなことから収入を得られますが、自分も同じようにそれに対する出費も増えがち。

感性を磨いたり、自分が受けてよかったサービスは自分でも取り入れるなど趣味と実益を兼ねて楽しみながらお金を循環させましょう。

金星は社交運や協調性、人間関係に関わる星ですので、人と積極的に交流したり、協力しあったりすることが豊かさを引き寄せるでしょう。

自分のお気に入りのもの、こだわりあるものを所有する、審美眼を発揮することも金運を高めます。

2ハウスの天体が火星

お金や財産に対して、本能的に強い欲求を持つため、金銭獲得に意欲を燃やすでしょう。

その熱意を仕事に向ければ、財産を築くことができるでしょう。

お金に対してはせっかちで、短気なところがあり、スピーディに短期間で儲けようとする傾向があります。お金を得るためにリスクを取ったり、冒険しがちで、ギャンブルや投資に熱くなりやすい面もあります。

衝動買いが多めで、金銭管理はおおざっぱ。不注意やトラブルによる無駄な出費も出がちです。冷静さとほどほどで満足する姿勢が金運を高めます。

意欲やモチベーションが収入に結びつきやすく、やる気になれば、収入を倍増させる力も持っています。

男性相手のビジネスやスポーツや競争、争いに関係したこと、新規事業などからも収入を得ることができるでしょう。

2ハウスの天体が木星

拡大、発展の星・木星が2ハウスにあるあなたは、金銭面に恵まれ、収入を得る能力が高いでしょう。木星は公的な星ですので、社会の中で活動範囲を広げ、評価を受けることが収入増につながります。木星期である45歳から55歳の間に社会的に認められることで財産を築くことができます。

木星は法律の星であるため、合法的であることが必須です。お金に関しては楽観的でなんとかなると考えるタイプです。金銭管理はざっくりになりがちです。

2ハウスの天体が土星

財産を築くには時間と努力が必要な配置です。若い頃に金欠に陥ったり、人生のある時期、お金に関することで悩みや不安を持つ場合もあります。

しかし、その苦労を通して、堅実さを身に付けたり、節約したり、安定的な収入が得られるよう真面目に働くようになるのです。年とともに金銭管理が上手になる傾向があります。

古いものや老人、高齢者、土地、不動産からの収入が得られるでしょう。資産運用は元本割れせずに、長期的に運用するほどメリットあるものがよいでしょう。

2ハウスの天体が天王星

財政や経済状況は変動しやすい傾向があります。まったくお金がない状態から一気に大きなお金を稼ぐようになったり、一転して収入が減ったりすることもあるでしょう。

収入を得る方法は、ユニークで型にはまらない傾向があります。時代の最先端をいく事柄、独創性の発揮、先端技術や特殊な事柄によってお金を得ることができます。

ＩＴ関係や電気関係、通信、発明、発見、占いなどからも収入を得られます。

お金の使い方は独特で、人と違うことに大枚をはたくかもしれません。そして、それが財産を築くきっかけになったりすることもあるので、自分の感性やひらめきは大切にしましょう。

会社勤めより、フリーランスで時代のニーズに合ったことをすることで、普通の人が手にできないようなお金を創ることができるでしょう。

2ハウスの天体が海王星

お金や物質的な事柄には執着せず、お金で得られる体験やサービスに価値を見出すタイプです。

金銭管理はあいまいで、使途不明金が多く、計画的にお金を貯めたりするのは苦手で、蓄財や資産運用にもあまり関心を持たないかもしれません。

直感力やイメージ力、芸術性、奉仕精神に優れ、それらを生かすことが収入につながります。

お金はアートや音楽、映画や占い、癒やし、スピリチュアルなどに出費しやすく、あなた自身もそれらの事柄を通して収入を得ることができます。

霊感や直感、想像力に優れていて、それらを生かすことでお金を生み出すことができるでしょう。

大金を得られるチャンスはありますが、法外なお金を得ることに罪悪感を抱くこともあります。

2ハウスの天体が冥王星

2ハウスに冥王星があると、富へのあこがれが強く、財産を築くことを切望するでしょう。

無から有を生み出す力が強く、財政的に苦難に陥ったり、必要にかられたときの収入、財産を得るための集中力にはすごいものがあります。その結果、巨万の富を築いたり、大きなお金を手にするチャンスもありますが、一方で一攫千金を目指して極端な使い方をしたり、非合法な手段で金銭を獲得しようとすると大きな借金を背負うこともあります。

貪欲さに注意し、私利私欲のためのお金儲けではなく、世のため人のために財を築くことを意識することが、この星を生かすカギとなります。

ワーク：あなたが価値やお金を生み出す方法を知る

2ハウスのカスプの星座と、出生図の2ハウスにある天体から、あなたはどんなことをして価値や収入を生み出すことができるか分析してみましょう。

Q1. 2ハウスのカスプの星座から、あなたはどんなことから収入を得ることができますか？　気づいたことを書いてみましょう。

Q2. 2ハウスのカスプの星座から、あなたはどんな資産運用や蓄財の方法が向いていると思いますか？　気づいたことを書いてみましょう。

Q3. 2ハウスに入っている天体たちは、あなたがどのような価値やお金を生み出すことができると伝えていますか？　天体と気づいたことを書いてみましょう。

第5章

2ハウスの
カスプルーラーが
教える
あなたのお金を
生み出す分野

ここまで、あなたに豊かさや富をもたらす天体、収入や価値、所有物に関わる2ハウスのカスプの星座と天体について見てきました。

もう一つ、あなたのお金や価値を生み出す方法について影響を与える天体がありま す。

それは、2ハウスのカスプの星座の支配星です。

カスプの支配星のことをカスプルーラーといいます。

各星座には支配星と呼ばれる天体がセットになっています。

2ハウスのカスプルーラーがどのハウスにいるか?

それは、そのハウスの事柄について活動する場所となります。

つまり、2ハウスは所有物や収入に関わる場所ですので、2ハウスのカスプルーラーがいる場所(ハウス)は経済活動を行う場所です。

それは、お金と交換して、何かを得る場所であったり、金銭や所有物を獲得する方法でもあるのです。

宇宙の法則は「与えるものが受け取るもの」です。

つまり、あなたがお金を支払うことはあなたが価値を感じていることとです。絵や美術品にお金を払う人はそこに価値や喜び、楽しみを見出しています。ヒーリングやセラピーにお金を払う人は、それが自分にとって有効だと信じている人です。本をたくさん買う人は本から多くのことを学ぶことができると信じていたり、読書に楽しみを見出している人です。

その出費が一定以上を超えたとき、それはあなたに収入や価値をもたらす可能性があるのです。

たとえば、2ハウスのカスプが牡牛座である場合、金星が、2ハウスの支配星です。その金星が11ハウスにいる場合、人間関係や友人、願望がお金や収入と関わっているということになります。

その人にとって、お金や所有について多くのエネルギーを注ぐのは、人との交際や友達付き合い、サークル活動や願望実現のためであったりします。仲間の金銭感覚や価値観がその人に影響を与えたりするのです。

つまり、その人にとってお金と人脈は切っても切れない関係です。

人脈が金脈となるのです。11ハウスは団体や連盟、グループや仲間に関係しますので、収入を得るためには業界の団体や連盟に所属したり、仲間や友人と協力しあうのがよいですし、その人自身がグループやサークルの主催者となったり、連盟や協会を立ち上げてもよいのです。

それでは2ハウスのカスプルーラーがどこにいるかを探して、あなたのお金を創造するヒントにしましょう。

2ハウスのカスプの星座を「星座と支配星一覧」（205ページ参照）から見つけたら、その支配星があなたのホロスコープの何ハウスにあるか確認しましょう。

2ハウスのカスプルーラーが1ハウスに在室

1ハウスはあなた自身の場所で、あなたの個性や資質、肉体、外見、容姿などに関係します。

ここに2ハウスのカスプルーラーがある場合、あなたはあなた自身にお金を使う人です。エステに行って、自分自身を磨いたり、体を鍛えたり、ケアをしたり、肉体をメンテナンスすること、持って生まれた個性に磨きをかけたり、より魅力的に見せるためにファッションやメイク、容姿や髪型など、外見に関わることへの出費が多いかもしれません。

そして、そのあなたの個性やキャラクター、生まれつきの特徴や外見などを生かすことで収入や金銭を得ることができるでしょう。

たとえば、モデルや声を生かした声優や歌手、司会業、ナレーター、生まれつきの運動神経の良さを生かしたアスリートなどです。

お金を得るためには、あなた自身の個性、生まれつきの資質などを生かすことを考えましょう。

この配置はお金と自分自身が密接に関わっているため、収入の安定や裕福になることで、セルフイメージがあがったり、逆に金銭や所有物が減ることで、自分の価値が下がるように感じることもあります。

2ハウスのカスプルーラーが2ハウスに在室

あなたはあなたの才能や価値観、金銭や所有物を通して、収入を得たり、お金を稼ぐことができるでしょう。

収入を増やすためにお金を使ったり、転売目的で価値があがるか、下がらないようなものを買っておいて、また、お金に換える。そういうことをするかもしれません。

この配置の人は自ずとお金を使うときに、

「これは浪費または単なる消費か？　それとも投資だろうか？」

と考え、できる限り、投資になることにお金を使おうとするでしょう。

あなたの実用的な感覚や価値観や審美眼を発揮するほど、収入は増えていきます。

商売やサービスを提供する際は、第三者の意見や人の価値基準より、

「自分だったら、その商品やサービスを買いたいか？」

「いくらなら払ってもいいか」

など、自分の金銭感覚や価値基準を重視しましょう。

2ハウスのカスプルーラーが3ハウスに在室

好奇心が旺盛で、学んだり、知ることに価値を見出す人です。情報や他者との会話を通して、収入を増やす方法を思いついたり、資産形成のためのヒントを得るでしょう。

3ハウスは知識や情報の部屋ですので、それらを獲得することにお金を使い、また、それらを価値やお金に転換することができるでしょう。

お金はどんどん学びや情報収集、モバイルグッズや旅行などに使い、その知識をブログやメディアなどで人に伝えたり、教えたりしましょう。

また、人の相談に乗ったり、アドバイスをしたりなど、他者とコミュニケーションをとる仕事からも収入を得やすいでしょう。

兄弟または姉妹、親戚などの近親者、近隣の人と一緒に仕事をしたり、彼らがあなたに収入のチャンスをもたらす場合もあります。

2ハウスのカスプルーラーが4ハウスに在室

家や住んでいる地域、家族と収入が関わっています。自宅で仕事をしたり、住宅や不動産、インテリアに関わることから所得を得る場合もあるでしょう。

自己価値と家が結びついているため、住居はもちろん、住む地域や環境などを重視し、人に誇れたり、心地いい場所を選ぼうとするでしょう。

また、お金に対して親からの援助を受け取ったり、親の価値観や金銭感覚が影響しやすい面もあります。

2ハウスのカスプルーラーが5ハウスに在室

人生を楽しむこと、ワクワクドキドキすること、遊び、ゲーム、レジャー、ライブやパフォーマンスなどの自己表現、創作活動が収入に直結しています。

つまり、自分が楽しいと感じることや趣味、人生で起きたドラマチックな出来事などをお金に換えることができるというわけです。

自分の恋愛体験をもとに小説を書いたり、子育てで苦労したり、工夫したことをもとに教育法を編み出して、そのノウハウを販売したり、好きな分野の動画を作ったり、自らがユーチュバーや表現者として収入を得ることもできるでしょう。

５ハウスは「子ども」のハウスでもあるので、子どもへの出費は増える傾向がありますが、子どもや教育関係からお金を得ることもできますので、あなたが価値を感じることは子どもにもぜひ体験させましょう。

２ハウスのカスプルーラーが６ハウスに在室

収入と仕事が直結している人です。つまり、働けば働くほど、豊かになる人です。会社勤めなど、組織に所属したり、自営業でも企業の下請けや傘下に入るなどして収入を得る方法が合っています。

６ハウスに入る天体の星座に関わる分野や健康、ダイエット、栄養、衛生関係、介護や看護、医療関係、ペット関係、軍事関係などの分野において、収入を得やすいでしょう。

また、あなたのお金はあなたの健康状態とも密接に結びついていますので、日頃から肉体のケアやメンテナンスを怠らず、規則正しく生活しながら、良好な体調を維持しましょう。

管理能力を生かせる秘書や経理などの分野にも適性があります。

2ハウスのカスプルーラーが7ハウスに在室

パートナーシップと経済状態が強く結びついています。結婚することで金銭的に安定したり、人と協力したり、取引や契約を結んだりすることで収入を増やすことができるでしょう。

また、婚活ビジネスや結婚や夫婦問題のカウンセリング、人と人との間をつないだり、仲介業や調停、契約関係などの分野が収入につながります。

自己価値と配偶者やパートナーが結びついているので、ステータスや魅力のある人と結婚することに強いこだわりを持つ場合もあります。

2ハウスのカスプルーラーが8ハウスに在室

他人の信用や資本、価値を活用することで自己価値を高めたり、収入を増やすことができるでしょう。

「寄らば大樹の陰」ではないですが、この配置の人は、商売をするなら、単独でお店を経営するよりも、大きなショッピングモールの中に出店するとか、ネットの有名なショッピングサイトの中でお店を運営するなどしたほうが、利益を増やすことができるでしょう。

また、他者のお金を管理したり、保険や証券、金融関係や人の生死に関わる分野、霊的な事柄、性風俗産業などの分野からの収入もあります。

8ハウスは不労所得に関わる場所ですので、相続や財産分与、利子や配当収入なども得やすく、それらを収入源とする人もいるでしょう。

ゼロから立ち上げるより、事業やお店を継承したり、譲り受けたりするほうが、向いています。

人と深く関わることが財運につながる人です。

2ハウスのカスプルーラーが9ハウスに在室

あなたは、専門的な事柄を学んだり、外国に関わること、旅、読書、精神的な探求に価値を見出し、お金やエネルギーを使う傾向があるかもしれません。

そして、それらがあなたが収入を得たり、資産を築く方法です。

貿易や輸出入、旅行業、観光業、法律や学問、思想や宗教、哲学、専門的な研究といったことによって財を築くことができます。

また、多くの人にある考え方を教えたり、広めたりする啓蒙家やインフルエンサーとして活動することもお金につながります。

ほかにも広告や宣伝、出版などにも縁があり、それらと収入が結びつきます。

広い世界を移動したり、自分の経験や体験を人に伝え、教えることで豊かになれる人です。

2ハウスのカスプルーラーが10ハウスに在室

あなたの収入はあなたのキャリアや社会的な立場に関連しています。だから、副業や投資をするよりも、本気で仕事に取り組むことが財産形成にも社会的な成功にも直結するのです。

この配置は、大企業や組織や政治関係、政府などで働いたり、ステータスのある仕事によって収入を得ることができます。

出世や地位を得ることと自己価値が結びついているので、野心家で、権力や名声へのあこがれは強いでしょう。

コツコツと実績を積み上げていくことでそれを手にすることができます。

2ハウスのカスプルーラーが11ハウスに在室

友達や仲間との付き合いや社会的なグループ活動、団体との関わりが収入につながります。

日頃から友達との付き合いを大切にしたり、交際やプレゼントにお金をかける傾向があるかもしれません。

そして、それがあなたに豊かさをもたらします。

また、友人や仲間の価値観や経済状況からも影響を受けやすく、リッチな集団に入ると収入が自然に増えることもあるでしょう。

11ハウスは団体や連盟、グループや仲間に関係しますので、仕事に関わる業界や連盟には参加し、そこで協力しあいましょう。人脈やネットワークを増やせば増やすほど収入も拡大していくでしょう。

勉強会や研究会、グループやサークルの主催者となり、そこを仕事の拠点にするのもよさそうです。

未来の社会のため、公共の利益のためにビジョンを掲げたり、社会の問題点を改革するために市民運動や非営利団体、公的活動を通じて社会貢献することも金運上昇につながります。

２ハウスのカスプルーラーが12ハウスに在室

癒やしやセラピー、占いなどの目に見えない世界やインターネット、ネットのゲームやバーチャルな世界、動画や音楽やアート関係にお金を使ったり、それらから収入を得たりする傾向があります。

また、収入の一部を寄付したり、恵まれない人々の支援やサポートに使いたいと願う場合もあります。それはあなたの経済的な活動をより活性化し、循環を良くするでしょう。

12ハウスは秘密の部屋であるため、隠れて経済活動を行ったり、不透明な方法でお金を稼いだり、場合によっては違法なことによって収入を得る場合もあります。

リスクのあることや法律すれすれのビジネスなどは避けたほうがよいでしょう。

億万長者のホロスコープで知る富の築き方

ビリオネアのホロスコープ

ここまで、ホロスコープを使ってあなたらしく豊かになる方法をお伝えしてきましたが、ここからは、実際に大きな富を築いた人のホロスコープにはどんなことが示されているのか、それをどのように活用しているのかを読み解いていきましょう。

ここで二人のアメリカの大富豪（ビリオネア）のホロスコープをご紹介します。ちなみに彼らはどちらも、経済的に恵まれた環境で育った人ではありません。むしろ、厳しいほうであったと言えるでしょう。

しかし、フォーブスの「アメリカで最も裕福なセレブリティ」のベストテンや世界で最も影響力を持つ著名人「Celebrity 100」に入るほど成功したのです。

彼らが占星術を活用して大富豪になったのかどうかはわかりません。おそらく違うでしょう。

しかし、彼らの職業や公的な活動は、彼らのホロスコープの拡大と発展と幸福を示唆する星の配置と驚くほど一致しているのです。

一人目は、アメリカの有名なテレビ司会者・番組プロデューサー・実業家であるオプラ・ウィンフリーのホロスコープです。

日本ではほとんど名前が知られていない人ですが、アメリカでは、非常に影響力の強い女性として有名です。

ウィキペディアによれば、

「彼女は20世紀以降のアメリカで最も裕福なアフリカ系アメリカ人であり、かつては世界唯一の黒人の億万長者であった」

とのことです。

彼女は、アメリカのテレビ界で最も評価されているトーク番組である『オプラ・ウィンフリー・ショー』の司会者です。

彼女の番組は高い視聴率を誇り、２００２年には『古今、最も素晴らしいアメリカのテレビ番組トップ50』というリストにも入ったそうです。

強力な影響力と人気を誇る彼女は、結婚していない10代の男女の間に生まれました。子ども時代は、祖母、父親、母親のもとを転々として育ち、9歳から親戚に性的虐待を受け、14歳で妊娠し、出産しています。生まれた子どもは1週間後に病院で亡くなったそうです。

英才教育とは程遠い環境で育った彼女ですが、子どもの頃から頭が良く、奨学金を得て大学に進学し、19歳のときに夕方のニュースの仕事を始めたそうです。そこで高い評価を受け、シカゴの地方局で昼間のトーク番組を担当するようになります。それが高い視聴率を誇り、全米各地で番組が販売され、その結果、今の地位を築きました。

オプラ・ウィンフリーの出生図

彼女のホロスコープ（２３７ページ）を見ると、太陽、水星、金星が水瓶座にあります。

水瓶座は革新的で従来の慣習を打ち破る星座です。

彼女はこれまでの黒人女性のあり方を変え、収入や財産の枠を超え、「黒人初の億万長者」になりました。

太陽は、ホロスコープの中にある創造的なエネルギーです。

太陽系で唯一自ら発光する天体である太陽の力を使うことで、私たちは自らを輝かせ、人生をクリエイトすることができます。

太陽のあるハウスは、人生において光り輝く領域や自分の意志によって創造できる分野を示します。

彼女の太陽は２ハウスにあり、ここはお金や所有を司り、自らの個性や持って生まれた資質（１ハウス）をお金や収入に転換するところです。

それは自分の資質や能力を公的な場所で表現することで起こります。

２ハウスにある星たちはお金や所有を生み出す事柄に関係しています。

彼女の場合は、自己表現（太陽）、知性や情報、伝達、話すこと（水星）、社交や協調、人間関係、愛、魅力（金星）が収入源となったり、金運を高める方法となります。

それを水瓶座的に行います。

つまり、独創的で、自由で予測不可能な個性や魅力、おしゃべりや伝達をすることで、人生の創造者となり、豊かさや金銭を生み出すことができるのです。

太陽の力を使うことで、人生全体が輝き、力を増し、充実していきます。

太陽は意志や意図に関係します。

2ハウスに太陽がある彼女は、経済的に自由になること（水瓶座）を望んだのでしょう。

そこに制限や枠、限界は設けなかったのでしょう。

だから、「黒人女性」がこれまでなしえなかったほどの資産を築いたのです。

愛や喜び、豊かさに関係する三つの星は、

・金星　水瓶座　２ハウス
・木星　双子座　６ハウス
・冥王星　獅子座　８ハウス

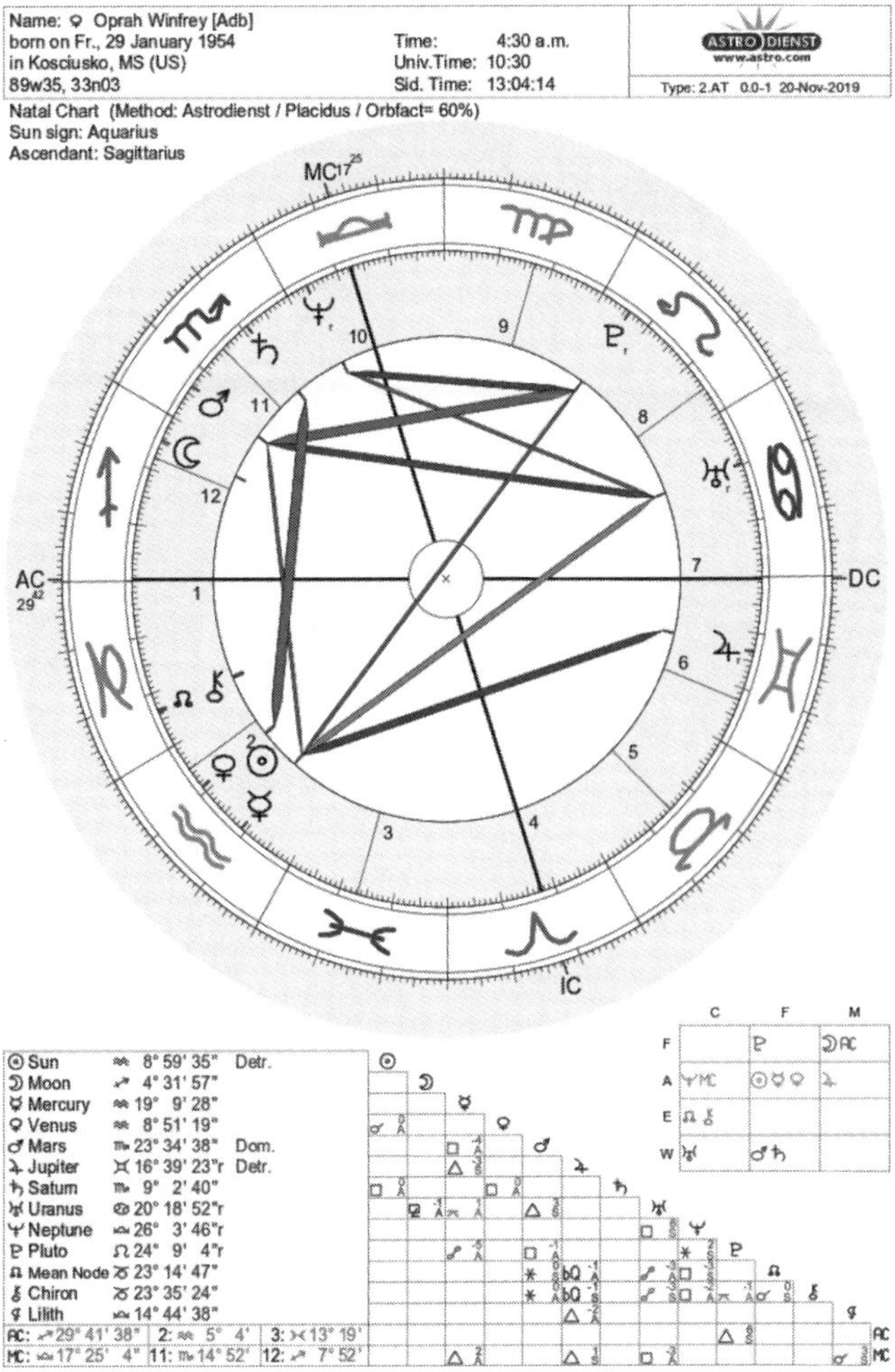

オプラ・ウィンフリーのネータルホロスコープ

にあります。

6ハウスは仕事の場所です。

拡大、発展のチャンスは仕事にあるということがわかります。

6ハウスは組織の中や傘下で働く場所です。

双子座は情報や通信関係。コミュニケーション。

木星は大きいという意味があります。

このことから、彼女は情報を発信する大きな会社で人とコミュニケーションをとったり、話術を生かすことが、幸運や拡大、発展につながるということがわかります。

金星がある水瓶座も電波や放送局に関わる星座です。

彼女は、夕方のニュースの仕事で評価を受け、トーク番組を任されるようになりました。

地方局の番組であったにもかかわらず、それは、人気を博し、高い視聴率を得るようになり、それを足掛かりに地位を築いていきました。

2ハウスには情報や知識、会話を意味する水星が入っていて、彼女の価値やお金を創造することができる才能は知性や話術であることが示されています。

水瓶座の水星ですので、知的で聡明であるだけでなく、常識を超えたユニークで独創的な会話、いい意味で予想を裏切る変化に富んだ話術で、トークする相手から、「話すつもりでなかった」本音を引き出したり、意外な一面を引き出したのでしょう。

冥王星がある8ハウスは他人の力や財力、信用を使ったり、他者と一体化してパワーアップしていく場所です。

彼女は獅子座の冥王星（有名なカリスマや専門家、権威者）の力を用い、彼らと一体化して番組を盛り上げ、自分の地位や名声を築いていったのです。

8ハウスは先祖から代々受け継がれてきたものと関係します。また、冥王星は変容の星ですので、家系的な経済状態を大きく変えたり、負の連鎖を断ち切る役割や宿命を持ちます。

彼女はアフリカ系アメリカ人の地位や権威、先入観を刷新しました。

2ハウスのカスプの星座は水瓶座です。

水瓶座は天王星に支配される変化と意外性に富んだ星座です。よって、彼女の経済状態は、変動が激しく、予想がつきません。この配置は常識では考えられないことで収入を得たり、また、法外な収入を得たりすること、アイデアやユニークさ、個性を生かすことが収入に結びつきやすいことを示しています。

これは、水瓶座の太陽が2ハウスにあることからも強調されています。

さらに2ハウスのカスプルーラーは天王星です。

天王星は7ハウスにいます。

7ハウスは結婚やパートナーシップ、人間関係の場所です。

彼女は、人と関わることがお金に結びつきます。

彼女が地位を築いたきっかけは、「トーク番組」です。

つまりゲストと対話する。他者との関わりによって、その巧みな話術が輝き、脚光を浴び、豊かさにつながったのです。

ちなみに７ハウスは結婚の部屋ですが、彼女は長年連れ添っているパートナーはいるものの結婚はしていないそうです。

これは、天王星が７ハウスにいることからも示されています。

天王星は独立独歩の星、７ハウスの天王星は自由で型にはまらない結婚生活やパートナーシップ、独立した関係を示します。

このようなことから、彼女が億万長者になったのは、

・ユニークで変化に富んだ話術と独特な個性
・人との関わり
・先祖から受け継いだＤＮＡによるスター性やカリスマ性、存在感（獅子座の冥王星）

という資質を生かした結果であったと読み解くことができます。

もう一人は、木星のサンプルリーディングのトニー・ロビンズ（アンソニー・ロビ

ンズ）です。

トニー・ロビンズの出生図

トニー・ロビンズの出生図（139ページ）では、豊かさをもたらす三つの星は、

・金星　水瓶座　4ハウス
・木星　射手座　3ハウス
・冥王星　乙女座　11ハウス

にあります。

トニーの名言の一つに
「私たちは変化を愛することを学ばなければならない。なぜなら、それだけが確かなことだから」
というものがあります。
彼の著書の一つにも、『一瞬で自分を変える方法』というタイトルのものがありま

す。

彼は「変化」、現状を改革し、進化させること、それをスピーディに行うことに強いこだわりを持っています。

これは、彼の金星と火星が水瓶座にあることに示されています。

彼は射手座の自己啓発や精神世界、成功法則と同じように「改革する」ことに価値を見出し、そのための論理的な手法（水瓶座）を探求したのです。

また、４ハウスの水瓶座の金星は彼が家族や仲間、友人を愛していたこと、11ハウスの冥王星にも彼には特殊な才能を持った仲間やカリスマ的な人物との関わりがあったことが示されています。

また、彼には野望があり、それは変容や再生（冥王星）に関係することも示されています。

金銭や自己価値に関係する2ハウスのカスプは、蠍座です。

蠍座は死と再生、深い変容に関わる星座です。また、欲望や深層心理にも関係します。

つまり、人の深い欲望や深層心理、潜在的な能力を引き出したり、人を生まれ変わらせたり、変容させることが収入に結びついたり、自己価値を高めることが示されています。実際、彼のコーチングは「内なる巨人を目覚めさせる」と言われています。また、冥王星は富を意味しますので、カスプが蠍座であるということは大きな富や財産を築くことも示しています。

2ハウスには蠍座の海王星があります。海王星は目に見えない事柄、癒やしやスピリチュアルが収入につながることを意味します。蠍座の海王星ですので、表に出ずに隠されていること、心の奥深くにあることを癒やしたり、変容させることがお金につながるのです。

2ハウスのカスプルーラーは冥王星で、冥王星は乙女座で11ハウスにいます。人間関係や同じ目的を持つ集団やグループがお金につながることを示しています。乙女座の分析力や観察力を用いて、集団やグループを変容させること、

「人生を変える」
「無限のパワーを引き出す」

というスローガンを掲げて、人々を啓発し、特殊なメソッドを確立し、勉強会を聞いたり、団体を創ったり、テレビ番組やインターネットなどを用いて多くの人を「変えた」ことが豊かさにつながることが示されています（11ハウスも先端技術や放送局に関係します）。

このようなことから、彼が億万長者になったのは、

・「変える」ということにこだわり、自己啓発や成功哲学をとことん探求し、そのメソッドを確立した
・出版、メディア、セミナー等を使って世界中の人にそれを広めた
・変化は一瞬で起こると信じ続けた

からであったと読み解くことができます。

第6章

知っていると
豊かになれる
宇宙とお金の法則

お金は奪い合い、消費するものから創造するものへ

水瓶座時代は波動と意識の時代です。

創造性は水瓶座のキーワードです。この波動と意識の力を使って人々がお金やモノを自由自在に創造していくのが水瓶座時代です。

これまで、お金には限りがあると考えられ、それは奪い合い、消費するものでした。しかし、これからは、創造の場のエネルギーを活用することで、作り、物質化することができるようになります。

すべての人がそれができるようになるまでにはまだ時間がかかるでしょう。でも、先にそれができるようになった人が、それを人や社会と分かち合い、共有する世の中になっていきます。

奪い合う社会の中では、

「奪われてなるものか」

と必死で守ったり、競争したりしますが、どんどん創って、人と共有する社会になると、

「自分も分け与えてもらうだけでなく、分かち合おう」

「創り出し、与える側になろう」

という人が増えてきます。

欠乏意識がお金を遠ざける

豊かさを創造すると聞くと、起業して成功するとか、投資で一発あてるとか、そういうことを思われるかもしれません。

でも、一般的な仕事でも十分豊かになることは可能です。アメリカで一番億万長者を生んでいる仕事はクリーニング屋さんだそうです。

一枚一枚のクリーニング代はそんなに高くなくても、同じお客様が何度も何度も来

店されて、その積み重ねが大きな利益になるということです。

同じように毎日少しずつ利益を得ながら、長く続けられることはたくさんあります。

だから、難しく考えなくてもいいのです。

それは仕事かもしれませんし、副業や投資などから得られる方法かもしれません。

大事なことは何をやるかではなくどのようにするかです。

そして、それを見つけられるかどうかは、結局その人のお金に対する「意識」や「観念」の力が大きいのです。

会社員をやめて、今の仕事をするようになって20年以上の月日が経ちますが、その間、私の収入は変動してきました。

それは自営業だからということもあるでしょう。

最初のスタートは、分給20円の電話占いだったので、

「いつか、会社員時代の収入くらいになれたらいいな」

と思いながらも、それはとても遠い夢のように感じられました。

しかし、いろいろな出会いとご縁によってお仕事をいただき、2年後くらいには、それをはるかに超えるようになっていました。

ちょうど携帯電話などモバイル端末やパソコンの占いコンテンツが求められていたり、動物占いや風水などが流行っていたこともあり、各種メディアがその制作者を求めていた時代だったことも影響しています。

ちょうど私自身がやりたいことも同じであったため、サイトに、

「占いコンテンツ制作します」

と載せていたら、企業からも個人でサイトを運営している方からも見積もり依頼がちょこちょこと舞い込み、受注していたら、そうなっていました。

でも、私の心の中には、

「いつまでもこんな収入は続かないだろう（続くわけがない）」

という思いがありました。

そして、何年かして実際にそうなりました。

しかし、今思い返しても、当時、収入が下がる要因は何もありませんでした。

ただ、私の怖れと思い込みがそれを現実化したのです。

その後、機会があり、アメリカのモンロー研究所で意識について学び、また、スピリチュアルに傾倒したり、目には見えない意図の力やこの本でご紹介したエネルギー

ワークなどを実践した結果、再び収入も変化していったのです。

この経験を通じて、収入も豊かさも「信念」や「思い込み」の力が大きいと実感しています。

だから、どんな素晴らしいアイデアが浮かんだり、才能やスキルを生かす方法を見つけたとしても、あなたの中で豊かになることへの怖れや罪悪感を持っていたり、

「自分はそれに値しない」

と思っているとそのチャンスを無意識のうちに遠ざける行動を取ってしまうのです。

それを避けるためには、

「私はこれだけの収入を得る」

「私は豊かさを受け取る」

と決めて、それを無意識レベルにまで信じ込ませる必要があります。

なぜなら、よく言われることですが、肉体の司令官とされる脳の働きのおよそ9割が潜在意識（無意識）によって占められているからです。

それに対して、顕在意識は、脳の活動率は10％以下です。

だから、願いを叶えるには潜在意識の力を使うのが有効とされているのです。

潜在意識にある思い込みを浸透させるスピリチュアルなメソッドとして、口癖やアファメーションがあります。しかし、通常の意識状態でアファメーションを口にしても、その人が、

「本当だろうか？　どうしたら、そうなるんだろう？」

「そんなことは無理だろう」

「ありえない」

と判断をくだすと潜在意識に入って行く前に顕在意識に跳ね除けられてしまいます。

つまり、アファメーションをし続けても叶わないことは、潜在意識に刷りこまれていないのです。

潜在意識というのは、これまでの体験や感情を記憶している場所です。

だから、過去にお金に苦労した経験があったり、自分ではなく、身近な人がお金に困った姿を目の当たりにしていると、

「お金は使うとなくなってしまうもの」

という思い込みや、

「自分もいつか同じようになるのではないかという経済的に不安定になる恐怖」が、潜在意識の中に埋め込まれていたりします。

そうすると、なかなか豊かさを信じられないのです。

お金を失う恐怖や欠乏意識から懸命に働いたり、貯金をしたりして、そこそこのお金は持つことができても、使ったらすぐになくなってしまうのではないかという怖れによって、豊かさの循環の流れを止めてしまったり、大きなお金が入ってきそうになると、無意識の内にそれを妨げるような行動をとったりしてしまうのです。

しかし、実際は、お金はエネルギーであり、ニュートラルなものです。

そして、エネルギーは意図や信念にしたがいます。

だから、お金をたくさん持つとろくなことがない。

お金をたくさん稼ぐのは大変。人が嫌がるようなことをしたり、並大抵ではできないことをしなくてはいけない。

ずるいことや汚いことをしなくてはいけない。

人から金品をもらうことは良くないこと。

お金は苦労したり、頑張った対価として受け取るもの。

このような思い込みを持っていると、お金は、そういう存在になるのです。

これは、人との関係にも似ています。

ある人に対して、あなたは優しくていい人と思っていても、別の人は、頑固でそっけない人など、違う印象を持っている場合があります。

しかし、その人は同じ人物です。

あなたが優しくていい人だと思うから、その人はあなたには優しく接し、別の人にはそっけないのです。

これはこの世界が自己認識（主観）によって作られたものだからです。

だから、お金との関係をより良くしたいと思うならまずは、お金を良くないものだと思ったり、必要以上に怖れたり、圧倒されたり、極度に重要視したりといったお金に対する偏ったとらえ方を見直すとよいでしょう。

そうして、お金と健全な関係を築くことができれば、あなたの人生に流れ込んでくるお金をブロックしているものは取り除かれ、もっと豊かになるチャンスが舞い込みやすくなります。

一方でお金がなかなか手に入らないと思っていたり、お金を稼ぐことに罪悪感を持っていると、お金を手にするための苦労は続くことになるでしょう。

怖れが強いほど、お金を得るチャンスを遠ざけることになるのです。

その根底にあるのは、富や資源は限られていてすべての人を満たすほどはないという信念です。

しかし、実際は宇宙には、創造の場があって、そのエネルギーによって、望むものを作り出すことができることを古代の神秘学は伝えています。

ヘルメス哲学の錬金術の原理では「万物はひとつのものからできていて、それは精神である」と説きます。

精神は、心、意識、気構え、気力、理念といった意味を持つ言葉です。

ヘルメス哲学の錬金術はのちに魔術へと発展しましたが、魔術師や錬金術師は、この思想に基づき、意識の力と自然の力を使って変容をもたらします。

月の満ち欠けや星回りと意図や言葉を使って、状況を作り出したり、なかったものをある状態に変えたりするのです（物質化）。

つまり、豊かさに対するあなたの心、意識、信念を変えることによって財政的な状況も変化していくのです。

宇宙にあるすべてのものは「空《くう》」からあらわれたもの

古代の神秘学が、「万物を作りだすもと」と伝えた「精神」は、量子論では「空《くう》」と表現されています。

この宇宙にある私たちが見たり、聞いたり、触れたりできるものは、「空」と呼ばれる根源からあらわれたものだということです。

「空」には、あらゆる状況を作り出す潜在能力を秘めたエネルギーと情報が波のように揺らいでいて、物質はこのエネルギーと情報からできている。

個々の違いはその配列や量によって生み出されたものである。

これが量子論の考え方です。

これは古代神秘学の教えの「精神の法則」と一致しています。

それは、「空《くう》」にある情報とエネルギーを物質化するには、意図や思考、意識（精神）の力を使うからです。

このあらゆる状況を作り出す可能性を秘めた「空」と同じような働きをする場所は、私たちの肉体の中にもあります。

それは脳です。

脳は人間の感情や行動を司る管制塔と呼ばれています。

脳にある内分泌器である松果体は、精神世界において、魂のありかや宇宙と肉体をつなぐ場所として、重要視されています。

松果体はサードアイ（第三の目）と呼ばれる「見る」ことに関係するチャクラと関

わりがあります。

ヴィジョン、洞察力や直観力、どう状況や物事を見てとらえるか？

私たちが思い描いたもの、

「こうなるのではないか」

「こうに決まっている」

それらが人生の状況を作ったり、影響を与えています。

つまり、

「思考は物質化する」

は、私たちの「創造の場」である後頭部で思考し、サードアイに描いた情報とエネルギーが、人生にあらわれたものなのです。

「空」や脳の中にある「情報とエネルギー」は揺らいだ状態。決まった形はなく、認知によっていかようにも変えられるものなのです。

だから、この私たちの創造の場を活用すれば豊かさを生み出すことができます。

豊かさをエネルギーで創造するヴィジュアライゼーションワーク

具体的にはどのように創造の場を使って豊かさを実現していけばよいのでしょうか？

その手法の一つがヴィジュアライゼーション（視覚化）です。

視覚化によって、私たちは脳の中のエネルギーと情報の揺らぎに確固とした方向性と意図を注ぎ込むことができます。

私たちの思考や感情はめまぐるしく変化します。

多くの願望が叶わないのは、意図と方向性がころころと変わったり、矛盾する方向性をいくつか示しているからです。

確固とした方向性を持っていても、ヴィジョンの実現と矛盾する根深い信念がある場合も具現化の妨げとなります。

「お金は水や空気のように簡単に欲しい分だけ手に入れられるものではない」

多くの人がそういう意識でいると、それが集合無意識となって、そういう社会や世の中が作られます。

しかし、

「お金は無尽蔵にある」

「宇宙は私たちが生きて、したいことをするためのお金をちゃんと与えてくれる」

そう心から信じていたらそうなります。

実際には、お金が天から降り注いでくるわけではありません。

収入を増やすようなアイデアを受け取ったり、たまたま「投資」の話を聞いて、興味を持ったり、お店を引き継いだり、財産分与を受けたりといった形で入ってくるのです。

だから、まずは、私たちが豊かに生きるには、

「お金は尽きることがなく、自分はいつでもそれを十分に受け取れる」

「私は豊かで満ち足りている」

という信念を潜在意識レベルに刷り込むことです。

それと同時に豊かな生活をしている姿、望む収入や富を得ている状態をヴィジュアライゼーションしつづけることです。


「想像は創造の始まり」

という言葉を聞いたことがあるでしょう。


夢を叶えるとき、最初におぼろげなイメージがあります。

それは、

「こうなったらいいな」

とか、

「こういうことがしたいな」

という漠然とした思いです。


人生に創造したいものについて、ぼんやりとでも考えているとき、私たちは、エネルギーワークをしています。そのイメージにエネルギーを注いでいるのです。

でも、なぜ、描いたものの中で現実にあらわれてくるものとそうでないものがあるのでしょうか？

それは、エネルギーの注ぎ具合が違うためです。

多くの人は夢を叶えたいと願いますが、それが実現した途端、今度は悩みの種となることもあります。

たとえば、恋人が欲しいと願っていたのが、いざ、恋愛が始まったら、相手との関係に悩んだり、心変わりを怖れたり、不安になったり、などです。

でも、事前に視覚化をしっかりしておくと、余計な悩みを減らすことができます。

なぜなら、視覚化は叶ったあとをリアリティをもって思い描く手法だからです。そして、それがリアルであればあるほどスピーディに叶うのです。単に恋人が欲しいと思うだけではなく、どういうタイプの相手とどんな関係を築いているかを臨場感をもってイメージするのでギャップがより少なくなるのです。

豊かになるという言葉はとても抽象的です。「お金持ち」という定義も人それぞれです。

その定義を明確にして、あなたが望む状態を素直に正直にイメージしてみましょう。


なぜ、それをしたいのでしょう。

その結果、手に入れたいものや状態は何ですか？


眉間のあたりに意識を向けて、それをヴィジョンで描きましょう。

絵を思い浮かべるのが難しい場合は、

「ここにこういうイメージの椅子があって」

「緑に囲まれた場所で暮らしていて」

と描写するような言葉で頭の中で表現していきます。

そこに至るまでのプロセスは宇宙におまかせするので、描くのは願いが叶った後の姿のみです。

どうすればいいのかわからなくても、望む結果をイメージして、エネルギーを注いでいると、そこまでの道筋が見えてきたり、直感という形でヒラメキや情報がやってくることもあります。

それは、あなたが、最初に考えていた方法であるかもしれないし、まったく思いもよらないことかもしれません。

このワークをする際に大事なことはリアリティです。

これが現実になったとしても抵抗がない。

ワクワクする。

心配や気がかりなことがない。

十分ありえそうな気がする。

そうであれば、それは自然に叶います。

リアリティを持たせるには数字を使うとよいでしょう。たとえば、お金に関係することであれば、望む収入が書かれた給与明細をイメージするとか、売り上げ金額について誰かと話している姿などです。

どんな場所でそれを見ているか、誰と話しているか、コーヒーを飲みながら、税理士さんと打ち合わせしながらなど、具体的に描きましょう。

それではやってみましょう。

豊かさを創造するヴィジュアライゼーションワーク

1. リラックスして、サードアイ（眉間）のチャクラに意識を集中します（寝ていても起きていてもかまいません）。
2. あなたが叶えたい事柄について考えてみましょう。
3. その際に、最高の結果をイメージします。
4. いっさいの制限をつけずにそのイメージに集中し、より具体的に「どうなればいいのか」というヴィジョンを描いていきます。
5. 最初はおぼろげであっても、だんだんと描写を細かくしていきます。

6. 登場人物との会話や場面などを複数思い描いてもかまいません。
7. しばらくその状態で映像を見続けていてください。

これを1日5分でもよいので継続しましょう。
最初はするたびにヴィジョンが変わってもかまいません。
内容が固定されるほど、現実化される力は強まります。

循環の法則：お金はエネルギー、動かし、変換することで流れが活性化していく

スピリチュアルなお金の法則の一つに、「循環の法則」があります。
宇宙にあるものはすべてエネルギーで、お金もエネルギーです。
エネルギーとは、「仕事をする力」（モノを動かす能力）のことです。
エネルギーは　それを使って違うものに変換することができます。
お金も同じで、お金は使わないとお金のままです。

でも、お金を動かすことで、モノに換えたり、旅行にでかけたり、学校に行って学んだりすることができます。

このとき、貨幣でしかなかったお金が体験や知識へと変換されるのです。

それは交換したお金の価値に見合ったものかもしれませんし、それ以上のもの、もしくは、無駄だった、損をしたと感じる場合もあるでしょう。

しかし、モノゴトというのはつながっていますので、

「あのとき損をしたからこそ、そのあとたくさんの利益を生み出すことができた。成長できた。良い経験をした。学びをした」

ということがよくあります。それらはすべて、お金がお金のままだったら、単にお財布や通帳や貯金箱の中にしまっておいたら、できなかったことなのです。

だから、お金というエネルギーもほかのエネルギー同様、積極的に動かしたり、ほかのものに転換させていくといいのです。

「金は天下の回り物」

という言葉通り、それは巡り巡って、再び私たちのもとにやってくるのです。

「じゃあ、どんどんお金を使えばいいの？」

という疑問が生まれるかもしれません。


動かすという意味ではイエスです。

とくに、自分が価値を感じるもの、愛や喜び、楽しみ、心を動かされたもの、心を満たすことに使うと有効です。

また、同じように人を喜ばせたり、応援したり、助けたりするものに使うといいのです。

出したものが返ってくるのが宇宙の法則なので、お金と一緒に出したエネルギーと同じものを受け取ることになるからです。

豊かさをブロックしている思い込みを解放する潜在意識浄化ワーク

どんなにヴィジュアライゼーションやアファメーションをしても願いが叶わない。そういうときは、潜在意識の中がそれと矛盾する過去の記憶や思い込みがいっぱいで、イメージや暗示文が潜在意識の中に入っていかないということがあります。

そういうときは、その信念や思い込みを潜在意識の中から浄化するとよいでしょう。

潜在意識を浄化するためには、二つの事柄が必要です。

・潜在意識から不要なものを解放し、クリアリングするという意志
・それができるという信頼

この二つがセットになって、解放や変化が起こります。

多くの人は、「解放したいという意志」は持っています。

しかし、「解放できるという信念」については、どうでしょう？

「私のブロックは根深いのよ。だから、解放できるわけない」

そんな思い込みや信念が潜在意識にあれば、そうなります。

「今日の顕在意識」は「明日の潜在意識」と言われます。

これは、今日、体験したこと、考えたことは明日はもう顕在意識上にはなく、潜在意識の中に記憶されているということです。

つまり、今日、あなたが、

「私のブロックは根深いから浄化なんて無理」

そう思ったら、それは明日には潜在意識に刻まれているということです。

反対に今日、「解放できた」と実感したことは、明日は潜在意識に記憶されているということです。

とはいえ、経験のないことは、誰しもなかなか信じることができません。だから、最初は半信半疑でもしてみればいいのです。

ただし、「できるわけがない」という思いがあると行動に移せません。

それをすることが自分に何かしらためになる、プラスになるものがあると潜在意識レベルで思っていないと実行できないのです。

逆に、

「こんなことで解放できるのかな」

と思っていたとしても、それをしているなら、あなたは心のどこかでそれをすることが自分に何かしら効果や利益をもたらすだろうと信じているのです。

「信じるものは救われる」

という言葉がありますが、それは、「信じる」ことによって、私たちは行動することができ、それが創造を起こすからです。

人は自分が無意識レベルで、

「きっとそうだろう」

「そういうものだろう」

「そうなるだろう」

と信じていることに基づいて行動しています。

だから、信じていることを変えると自ずと行動が変わるのです。

潜在意識浄化ワーク

潜在意識の中にある怖れはこれまでの人生や場合によっては過去生の記憶と結びついています。過去生から起因しているものは退行催眠などを受けないと難しいかもしれませんが、今回の人生で起きた出来事だけでも十分たくさんあるはずです。

まずは、あなたが怖れていることを書き出してみます。

たとえば、

・人に批判されるのが怖い
・誰かを傷つけることが怖い
・仲間外れにされるのが怖い

・裏切られるのが怖い
・自分だけ損をするのが怖い
・人から断られるのが怖い
・人に不快感を与えるのが怖い
・お金がなくて生活できなくなるのが怖い
・犬が怖い
・蛇が怖い
・身近な人が亡くなるのが怖い

等々、ほかの人なら、

「え、どうして？」

と思うようなことが怖かったりします。

それらは多くの場合、何かしらの記憶と結びついていますので、その原因を横に書きます。

潜在意識にあることは普段は意識していないことで、もうすっかり忘れていたりする場合もあるので、思い出せないものは空欄でかまいません。

原因となるものは出来事の場合もあれば、人や自分自身のとった行動や選択などさまざまです。

それらを一つ一つ浄化しヒーリングしていきます。

まず、その怖れやブロック、思い込みが、あなたの肉体のどのあたりにあるかを感じます。

たとえば、胸のあたりにある人、お腹のあたりにある人、のどのあたりにある人などさまざまです。

また、肩や足、ひざにある場合もあります。

それを見つけたら、両手でグレープフルーツくらいの大きさの浄化と変容の紫の光の玉をイメージして、その光の中に怖れとその記憶を息を吐きながら、吐き出します。

そして、宣言します。

「私は〇〇に関する怖れとそれに起因する出来事をすべて私の肉体、オーラ、エネルギーフィールドからデリートします」

紫の光の玉の中にそれを吐き出します。

それが紫の光の玉の中に入っていったと感じたら、その光の玉に向かって、「私の怖れと記憶は浄化され、最善のものに変容しました」と宣言してその玉を野球ボールくらいの大きさになるように両手を使って縮めていきます。

最後に、両手を打って光の玉を消します。

波動を上げて豊かさを受け取る器を広げる：夢や目標と波動の関係

潜在意識の浄化とともに取り組んでいきたいことは、波動を上げて豊かさを受け取る器を広げることです。

波動を上げるにはどうすればいいのだろう？　と思う人がいるかもしれません。

それは、夢や目標を持つことです。

なぜなら、夢や目標というのは、現時点では到達していないことで、エネルギーでいえば、まだ、その波動になっていないから叶っていないことなのです。

つまり、今の意識次元と同じか低いことならば、人はやろうと思えばできます。しようと思えば、すぐにでもできることは、ここでいう「夢や目標」には当てはまりません。

「どうやってそれを叶えるかわからない」

「方法は知っているけど、その資格に値していない（オリンピックに出場するなど）」

といったことを指しています。

だから、夢や目標が叶うということは、

「できないことができるようになった」

「進化、向上した」

＝これまでとはエネルギー（波動）が変わったということです。

エネルギーは上から下に流れるので、エネルギー状態が高いといろいろなことが可能になります。

たとえば、場所にもエネルギーがあります。

多くの人が集まる場所には、ある種のエネルギーがありますので、そこにはさまざまな可能性が生まれます。

イベントを開いたり、物を売ったりすることもできます。

また、にぎやかでなくても、パワースポットのように大自然のパワーと特別なエネルギーに惹かれて、世界中から人が集まる場所もあります。

そして、人にもこのエネルギーがあります。

パワースポットのようにまわりの人を惹きつけるカリスマ性のある人や、遠くから会いに来てもらえるような魅力を持つ人もいます。

生まれつき、魅力や人を惹きつけるオーラがある人も中にはいますが、何かを成し遂げたり、成長した結果、エネルギーが高まってそうなった人もたくさんいます。

つまり、波動や意識次元が変わったのです。

意識次元が上がると、物事や状況をクリエイトする力が高まるので、

「海外旅行したいから、その費用が欲しいな」

と思ったら、それをすぐに作る（調達する）ことができるようになるのです。

また、
・本来の自分に戻る
・怖れを手放し、制限と限界を突破する
ということも波動を上げることに有効です。

本来の自分というと、多くの人は、

「えっ」

という反応をします。

それは日頃から自分にダメ出しをしていたり、

「こういうところを直さなくては」

とばかり思っているからです。

しかし、

「本来のあなたは創造主の一部です」

つまり、本来のあなたとは肉体にとらわれているあなたではなく、無限の叡智とパワーとつながった存在なのです。

そして、本来の自分を生き、あなたの個性や資質を発揮するのにも、夢や目標に取り組むことは有効です。

無理やりやらされることではなく、本当に叶ったらうれしい。

そうなったら、最高と感じることに挑戦するのです。

それは、片手間でできるようなことではなく、限界に挑戦するようなこと、持てる力やエネルギーを出し切らないと達成できないようなことです。

そうすると、自然に潜在能力が出てきます。

人に話して誇れるようなものや素晴らしいヴィジョンでなくてもかまいません。

ただ、あなたの思考と行動と感情を同じ方向に向けることができるもので、かつ、あなただけでなく、まわりの人も幸せにできるものがよいのです。

少なくとも自分は幸せだけど誰かが不幸になることではありません。

なぜなら、あなたの思考や感情が同意しても、魂は同意しないからです。

必要なものは与えられる法則

もう一つ、夢や目標を持ったほうが豊かになれる理由として、お金は「欲しい」よりも「必要」性が強いほうが引き寄せられるからです。

「１億円あったらいいな」

と思っていても、その使い道が貯金だったら、それを得るための努力はよほどの執念がないと難しいかもしれません。

大きなお金を築いた方の多くが一度は借金を抱えていたり、事業に失敗したり、過去にお金の悩みを抱えていたりするのはそのせいです。

また、そうでない場合は、魂の夢を叶えるためにお金が必要な場合もあります。

この宇宙はすべてのことがうまくいくようにできています。

困ったときには助けが、必要なときには必要なものが与えられるようになっています。

どんなにも求めても手に入らないものは、宇宙意識から見て、その人にとって必要がないものかもしれません。

だから、お金を得るには、それが欲しい理由、そのお金で何がしたいか、欲しいものや体験したいことなどを明確にイメージをすることが大切です。

そして、それが夢や目標、意識次元やエネルギーを高めること、進化させることと結びついてることならば、自然にお金を引き寄せることができます。

夢や目標、やりたいことがわからないときは？

しかし、夢や目標を持つといっても、

「やりたいことがわからない」

「夢も希望もない」

そんなときも人生にはあります。

また、セミナーやセッションでも多くの方がそれを口にされます。

そういうときは、日々が忙しすぎて、それについて考える余裕がなかったり、精神的にも肉体的にも疲れていて、意欲や気力がない場合、自分に自信がないときなどです。


また、夢や目標を持つということを大きくとらえすぎている場合もあります。

そういうときは、まず、人生を楽しむことを意識してみましょう。

楽しむことは仙骨のチャクラという人体のエネルギースポットに関係しています。

仙骨のチャクラは喜びや楽しみ、創造性、男性性と女性性の交流、セクシャリティ、快楽を司る場所です。

ここは豊かさにも関係していて、このチャクラを活性化すると、愛もお金も呼び込みやすくなります。

逆に自分に楽しみや喜びを与えずに禁欲的に生きていたり、男性性と女性性のバランスが偏っているとき、このチャクラが停滞し、エネルギーが流れにくくなります。

だから、楽しむことは豊かになるという意味でも重要なのです。

あなたが楽しいのはどんなときでしょう?
デートをしていているとき、
恋人とＬＩＮＥのやりとりをしているとき、
ゲームをしているとき、
ネットサーフィンをしているとき、
友達と恋愛の話をしているとき、
買い物しているとき、
絵を描いているとき、
物を作っているとき、
歌っているとき、

踊っているとき、
動画を見ているとき、
動画を作っているとき、
誰かに頼られて、その人のために奔走しているとき、
家で一人で本を読んでいるとき、
ブログを書いているとき、
写真を撮っているとき……。

どんなことであったとしても、仕事やお金に関係なく、楽しいことをしていると、
エネルギーが活性化され、
「こういうことをもっとしたいな」
と感じるようになり、夢や目標も浮かんできます。

流れに乗る

宇宙の法則の一つに、リズムの法則というものがあります。

季節の移り変わり、潮の満ち引き。新月から満月までの月のリズムは植物の発芽や生物の行動、人間の感情などに影響を与えます。

これらは、みな、宇宙が奏でるリズムです。

それらのリズムに合わせて行動することは、自然と同調することです。古代の錬金術は魔術へと進化していきましたが、これらは実は自然の力を用いています。月のリズムや星々の位置関係などをもとに行動を起こし、魔法を起こしているのです。

そして、これらの宇宙のリズムは、、暦を見なくても、キャッチすることができます。

人が、

「ちょっと休みたいな」

と感じたり、

「思うように物事が進まないな」

と思うときは、休息や撤収、縮小、熟慮や静観するサイクルにいます。

逆に飛ぶ鳥を落とす勢いでどんどん進むことができたり、期待している以上の成果につながる時期は、そのようなサイクルやリズムの中にいるのです。

どんな超人であっても、つねに拡大し、発展し続けることはありません。

逆に何をやっても自分はダメだ。と思っている人もずーっと停滞期にいるわけではないのです。

うまくいっているように見える人、順調な人は、リズムや流れをキャッチし、うまく自然の力を取り入れているからでしょう。

選択し、パワーを込める

人生は選択の連続です。

あなたが最も長い時間をかけていることこそが、あなたの人生を作り出しています。

これから20年間は個性や独自性を発揮することが、仕事とお金を生み出す時代になります。


何をしたらお金になるのか？

何をしたら豊かになるのか？

ではありません。


あなたらしさをどの分野で発揮するかが大事です。

独自性を発揮するには、ある事柄についてとことん追求したり、マスターすると有利でしょう。

必ずしもすることを一つに絞る必要はありません。

だからといって、何かをちょっとかじってやめたのと、とことん追求してマスターした人とでは、同じことをしても違いは明らかです。

そういうものがエネルギーや雰囲気として醸し出される時代になります。

そのためには、自分を知る。

自分の興味や突き動かすものは何か？

これを知り、活用することが、人生の質の違いを生み出します。

誰もがこの地球で実現したいヴィジョンを持ち、それを発揮する才能や資質を持っています。それを発揮するチャンスも平等に与えられます。

自分を知り、それに基づき、選択し、パワーを集中することによって豊かさを引き寄せやすくなります。

今ここで地球とつながって生きる

最後にお金や豊かさを創造するために最も重要なことをお伝えします。

それはグラウンディングすることです。

グラウンディングとは、地に足をつけて生きる。

肉体の中にあなたの意識がしっかり入っていることです。

あなたの肉体は、あなたが地上で創造をするために、あなたの魂が選んだ器です。

地球は目に見えない世界を見えるものに創造する具現化の場所で、魂はそれに最もふさわしい肉体を選びます。

その肉体を通して、地球と深くつながることで具現化は起きてくるのです。

肉体の中にあなたの意識をしっかり向けると、あなたの資質や個性、才能が顕在化され、具現化が加速していきます。

でも、肉体の中に意識がない状態であると、自分の才能や独自性に気づけず、それを掘り起こすことができなかったり、具体的に地球でどのように使ってよいかわからなくなってしまうのです。

「私の才能なんてたいしたことがない。○○さんのほうがすごいし」

そんな風に思ってしまうときは、自分の肉体の中に意識がしっかり入っていない、すなわち、グラウンディングができていないことが多いです。

そんなときは、自分探しより、外に答えを求めるよりも、グラウンディングワークをして、肉体の中に意識を向けて、地球としっかりつながりましょう。

そうすれば、あなたはあなただけではなく、高次元のあなた（ハイアーセルフ）と地球の女神ガイアとともに共同創造することができます。

グラウンディングワーク

1. 静かな場所でリラックスして座り、足の裏をしっかり床につけましょう。立って行っても構いません。

2. 掌を上にして、太ももの上に軽く乗せます。
3. 目を閉じて、深く心地よい呼吸を何度か繰り返します。
4. 深い呼吸をしながら、あなたに不必要な感情や思考が、呼吸とともにあなたの肉体やオーラから解放されていくことを意図します。
5. 想像力を使って、あなたのオーラを片手幅くらいのきれいな楕円形に整えます。
6. オーラの中が純粋な白い光で満たされているのをイメージします。
7. 意識を丹田のあたりに向けます。
8. そこから胴回りくらいの太さの赤いコードをイメージしながら、地球の中心に向かっておろします。
9. 想像力を使いながら、コードが大地の中に深く深く入っていき、地球の中心部に到達するところを想像します。
10. その場所で地球のコアにある黄金のエネルギーをそのコードを通して、肉体に吸い上げていきます。
11. 呼吸を使って、そのエネルギーを両足、胴体、首、眉間、頭のてっぺんまで吸い上げていきます。

12. 頭のてっぺんに到達したエネルギーは左右に分かれ、あなたのオーラ中を満たしていきます。
13. 深呼吸を繰り返しながら、その黄金のエネルギーがあなたのオーラや肉体全体、両手などに広がっていくのを感じます。

グラウンディングワークを繰り返すことで、あなたと地球とのつながりは強化され、宇宙のさまざまなものの中から、あなたの具現化に必要なものをキャッチしやすくなります。

また、自分軸が確立され、少々のことでは揺らがなくなっていきます。

おわりに

最後までお読みいただきありがとうございました。

今、世界はパラダイムシフトの真っ只中にいます。

これを書いているのは2020年4月で、新型コロナウイルスの影響で、世界中で、都市封鎖や外出自粛がうながされ、これまで当たり前だった暮らしや働き方、教育を受けることが困難な状況になっています。

この出来事は、世界中の人々に不安をもたらしています。

それは感染への恐怖だけではありません。
各国で行われたアンケートによると、
・世界経済への打撃
・失業すること
・お金に困ること
・生活必需品が入手困難になること
・差別が起こること
等々、人々はさまざまな怖れを抱いているのです。

その中でも、失業を最も怖れている人の割合が多いのは、日本だということです。日本は高齢化と少子化により、年金があてにならないと感じている人が多いからでしょう。

本書でもお伝えしていますが、2020年12月から世界は新たなサイクルに入っていきます。

これまでの自己保全と物質や経済的価値や安全、安心を追い求める時代から、自由と独立、そして、仲間や共同体とともに、皆で、共存共栄を目指す世の中へと移行していくのです。

新型コロナウイルスは、それをうながすためのものだと感じています。

サイクルの終わりには必ず混乱が起こります。

そうでなければ、何かが壊れたり、これまでのやり方が変わったりしないからです。

地震や洪水などの災害も人々の意識を変えたり、システムや制度の見直しをするきっかけになりますが、それは世界の一部の地域や国で起きることです。

世界中から支援が集まったり、被災者の状況を見て、どんなに心を痛めたとしても、被災地や被災者以外の人にとっては、いわば「対岸の火事」です。

でも、目に見えないウイルスは国境や人種、民族を超えて、世界中に広がっていきます。

ある地域の人だけが感染し、経済や社会不安に陥るわけではないのです。

だからこそ、世界中の人々の意識を変えるのです。

牡牛座のグレート・コンジャンクションから始まった、20年サイクルの最後に起きたこと。

それは、人々が牡牛座のキーワードである経済や安全、安心に対する怖れと向き合うことでした。

次のステージに移行するために、これを超えていく必要があるからです。

「困難」に出合い、「怖れ」と対峙しながら、もがいたとき、安穏とした日々の中では使われなかった能力や意識が目覚めていきます。

それが社会に新たなものを生み出し、新たな人生の可能性を開くための「創造力」です。


「困難」や「怖れ」は占星術では土星です。


本書では土星は取り上げていませんが、土星は木星や金星と対になるものです。

金星は愛や喜び、土星は怖れや苦しみ、木星は拡大、楽観、土星は削減、悲観です。

これらの星たちはお互いに影響しあっています。

「苦は楽の種」

と言われるように苦労（土星）は楽しみ（金星）や成功（木星）をもたらします。

反対に怖れや欠乏意識を手放すには、金星や木星のエネルギーが力になるでしょう
（土星については拙著『魂のブループリント』で詳しく解説していますのでご参照ください）。

怖れや不安、欠乏意識を感じたとき、あなたの中にある豊かさのエネルギー（木星、金星）に目を向けてみてください。

「怖れ」や「制約的思考」ではなく、

「愛」や「希望」

に立ち返り、選択や行動をするのです。

それと同時に宇宙との契約（冥王星）も意識すれば、ごく自然に豊かさを引き寄せられるはずです。

意識の進化をうながす銀河のエネルギーはますます加速し、私たちの創造力を呼び覚ましていきます。

内なる声に耳を傾け、宇宙のリズムに乗って、あなたらしく人生をクリエイトしていきましょう！


本書があなたの人生に少しでもお役に立てたら幸いです。

最後になりましたが、本書の出版にあたり、編集を担当してくださった小澤祥子さまをはじめとするヒカルランドの皆様に心より感謝いたします。

また、本書を手に取ってくださったすべての皆様に深い感謝を捧げます。

エルアシュール

エルアシュール

アストロチャネラー。神秘学研究家。日本占星学会主任講師。

ACC認定エンジェリックチャネラー® エネルギーワーカー。


幼いころからエネルギーに敏感で目に見えない世界に関心を抱く。

伝記が好きで、人生に影響を与える目に見えない何か、周期的なサイクル、シンクロニシティ（共時性）を探究するため、主要な運命学やスピリチュアルなメソッドを片っ端から検証。

その中で、人生を生きるうえで役立つツールとして、おもに意識の使い方、チャクラ、宇宙の法則、神秘学、スピリチュアル占星術、古代宇宙論、神話、神託、易などを研究。

惑星のエネルギーとつながりアクティベーションするワークショップや占星術講座、ハイアーセルフとつながる講座、オラクルカードリーディングセミナーなどを開催、予約は即満席となる人気ぶり。

月間300万PVの公式サイト「Angelic Guidance～天使の導き～」を運営。

人生のテーマとミッションは、人が本当の自分（魂の本質）を発揮し、最高の人生を創造するための情報や叡智、〈覚醒のメッセージ〉を宇宙とつながって届けること。

著書に『魂のブループリント』（ヒカルランド）、『人生が変わる「見えない存在」とつながる本』（かんき出版）などがある。

公式サイト　https://synastryhouse.com

星で見つけるあなたの豊かさの引き寄せかた

第一刷 2020年6月30日

著者 エルアシュール

発行人 石井健資
発行所 株式会社ヒカルランド
〒162-0821 東京都新宿区津久戸町3-11 TH1ビル6F
電話 03-6265-0852 ファックス 03-6265-0853
http://www.hikaruland.co.jp info@hikaruland.co.jp
振替 00180-8-496587
本文・カバー・製本 中央精版印刷株式会社
DTP 株式会社キャップス
編集担当 小澤祥子

ISBN978-4-86471-598-0

神楽坂♥《ハート》散歩
ヒカルランドパーク

【オンライン受講可能】
『星で見つけるあなたの豊かさの引き寄せかた』
出版記念セミナーのご案内

講師：エルアシュール

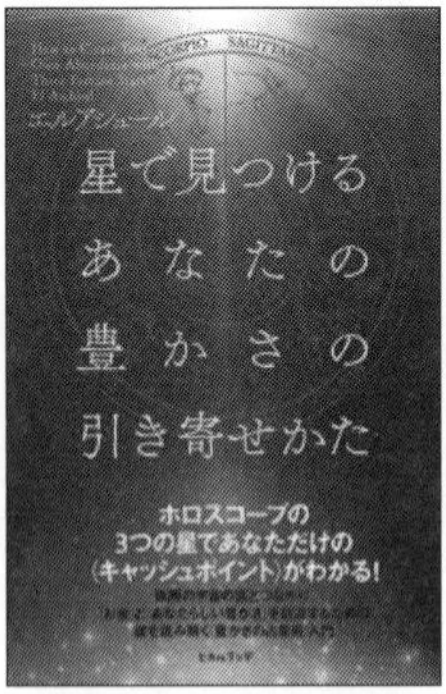

本書の出版を記念して、著者のエルアシュールさんによる特別セミナーを開催します！　本書に掲載されていない実例もご紹介しながら、星から豊かさを読み解くさまざまなヒントをお伝えします。さらに抽選で数名様にエルアシュールさんによるサンプルリーディングをプレゼント（会場参加の方限定、セミナー中に実施します）！　オンライン受講も可能ですので奮ってご参加ください。

★お一人おひとりにホロスコープをご用意しますので、お申し込み時に「出生年月日」「出生時間（できれば分単位まで。不明な場合は無しでも可）」「出生市町村」をお伝えください。

日時：2020年７月25日（土）　開場 12：30　開演 13：00　終了 15：00
　※終了後、講師によるサイン会を開催予定。
料金：12,000円　会場＆申し込み：ヒカルランドパーク（東京・飯田橋）

ヒカルランドパーク
JR 飯田橋駅東口または地下鉄 B1出口（徒歩10分弱）
住所：東京都新宿区津久戸町3−11 飯田橋 TH1ビル 7F
電話：03−5225−2671（平日10時−17時）
メール：info@hikarulandpark.jp　URL：http://hikarulandpark.jp/
Twitter アカウント：@hikarulandpark
ホームページからも予約＆購入できます。

ヒカルランド　好評既刊！

地上の星☆ヒカルランド　銀河より届く愛と叡智の宅配便

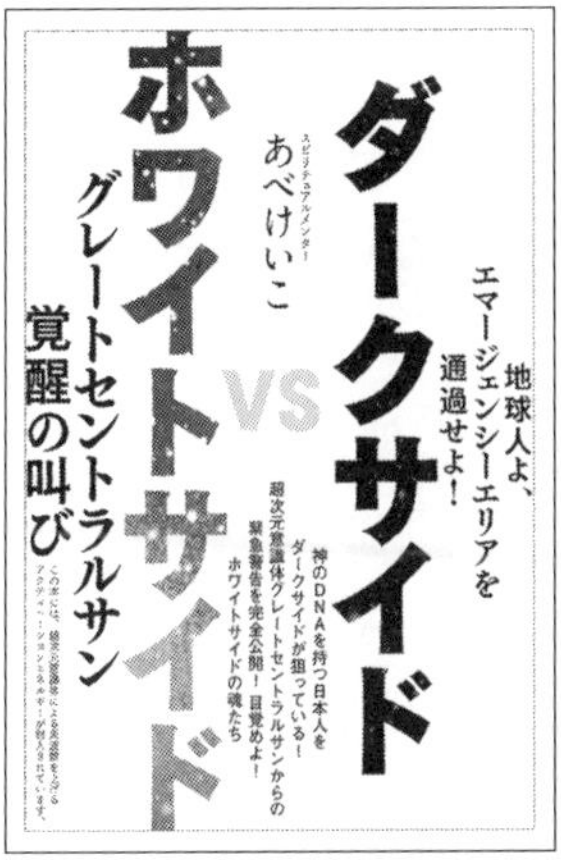

ダークサイドVSホワイトサイド
グレートセントラルサン覚醒の叫び
著者：あべけいこ
四六ソフト　本体 1,815円+税

自分を愛せばすべてがかなう
著者：あべけいこ
四六ソフト　本体 1,815円+税

誰も解かなかった
カバラ日本製
秘すれば花の理論体系
著者：篠﨑 崇
四六ハード　本体 3,600円+税

カバラの叡智
生命の木パーフェクトガイドBOOK
著者：廣田雅美
四六ソフト　本体 2,000円+税

中川　実

シータプラスの開発者。

柔道整復師、鍼灸師、指圧師、読脳セラピー国際講師などの顔を持ち、施術家として30年間活動。「氣の流れ」が見えるようになり、不調の原因が単に肉体的なものに由来せず、生育環境や家系、過去生などさまざまであることに気づく。それぞれの根本治癒と、人類全体の絶対幸福を実現させるために、約5年間を研究と試行に費やす。人間の生体エネルギーが、手足の指先を通じて宇宙と繋がっていることに着目し、高波動エネルギーを発するマニキュア「シータプラス」の開発に成功。スポーツアスリートや、身体機能が低下した高齢者などのパフォーマンスアップに極めて有効であったことから、全国から誘致を受けてその普及に努めている。

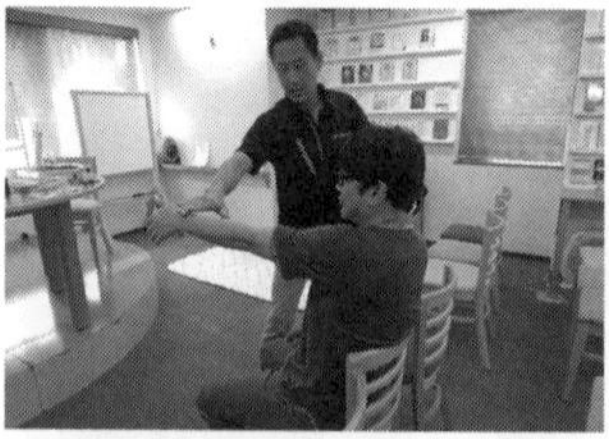

中川先生がリーディングしながら、
その方に合わせた施術をします。

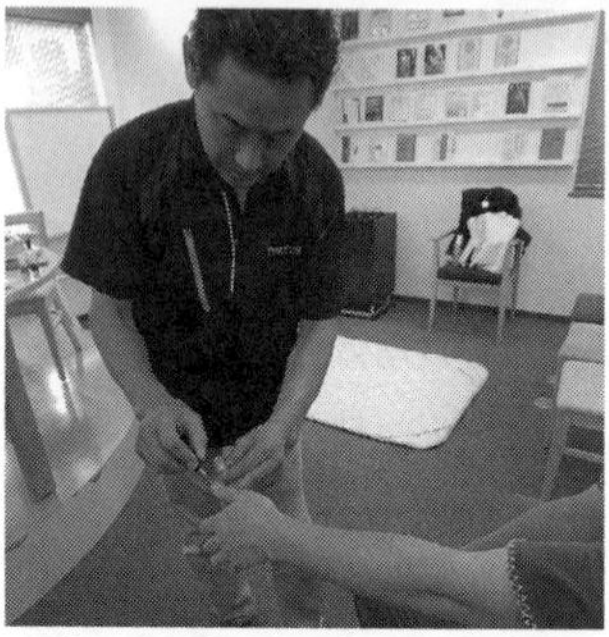

エネルギーが入るべき指にシータプラス
を塗り、生命の幹を整えます。

一瞬で宇宙と繋がるシータプラス！

爪は健康状態を映し出すと言われていますが、それと同時に、見えない宇宙生命エネルギーの入り口でもあります。手足の指から入った宇宙エネルギーは上肢・下肢を上行し、内臓、脳などに到達して身体全体を養います。では、エネルギーが滞ってしまったらどうなるのでしょうか？　各指から入るエネルギーの流れに沿った筋肉の機能が低下し、力が入りにくくなります。内臓の機能も低下するため、体の不調の原因にもなってしまうのです。

シータプラスには、中川先生が選び抜いた数々のエネルギー物質が融合し、そのバランスを整えて注入されています。

男女問わず塗ることができるシータプラスで、宇宙エネルギーを身体に取り入れ、本来の軸を取り戻し、心身ともに健康な毎日を過ごしましょう！

・クルクミノイド……受容体を保護し脳の働きを高める
・スーパーケルセチン……吸収効率を向上させ代謝を助ける。レシチンでコーティングを行い特殊加工をしたものを使用
・β-カリオフィレン……スーパーフード・コパイバの主成分。ECS にも直接働きかける
・インカインチ、ヘンプシードオイル……ベースオイルに用いている素材もスーパーフード

《ECS（エンドカンナビノイドシステム）が司る心身の機能》

痛み、免疫、感情抑制、運動機能、発達・老化、神経保護、認知・記憶、体温、自律神経、ホルモン、ストレス、など

白姫 CBD オイル evolution Ⅱ（エヴォリューションⅡ）

■ 16,200円（税込）

●内容量：30㎖
● CBD 含有量：1000㎎
●原材料：麻種子油、サチャインチ種子油、麻種子油抽出物、ツバメの巣エキス末、グルコース、マルトデキストリン、β-カリオフィレン、レシチン、微結晶セルロース、ウコン色素、キシロース、酵素分解レシチン、ヒマワリレシチン、ケルセチン、二酸化ケイ素（一部に大豆含む）
●使用例：1日、スポイトの7分目を目安に舌下に垂らしてお召し上がりください。1分ほど含ませるのが理想的です。回数は1日2回にわけても構いません。食品ですので、摂取量に特に制限はありません。
※乳化剤を使わないため沈殿が起こりますが、品質に問題はありません。
※開封後は冷蔵庫で保管し、1か月以内に消費ください。

化粧品で大人気！ 白姫シリーズのCBDオイル
神聖な麻＋スーパーフードの競演で心と体を正常に

◎今注目の麻の成分 CBD をナノ化し、吸収率＆伝達率の向上に成功！

豊富な地場修正の経験を活かした数々の化粧品をヒットさせている白姫ラボより、「CBD オイル」が従来品からさらに進化（evolution）を遂げ、リニューアルして帰ってきました。

日本では古来より神事などに用いられてきた麻ですが、CBD とは100を超える麻の成分の中でもとびきり心身の健康に寄与するものとして、特に近年、世界中で注目を集めています。CBD は、神経系、免疫系を司るとされ、脳とすべての臓器をつないで情報伝達を行う体内のシステム、ECS（エンドカンナビノイドシステム）の働きを高めることによって、精神の安定や自然治癒力の向上など、ホメオスタシス（恒常性維持機能）を活性化させ、健康をサポートしてくれる力を備えています。そして、腸から吸収されるのと異なり、脳内にある受容体に直接作用するので、スピーディーに効果が期待できるのも特長です。

「白姫 CBD オイル evolution Ⅱ」は、ヨーロッパの特定農場からの安全な麻原料を用いて、CBD をナノ化（リポソーム化）。大学医学部薬学専攻の博士を中心とした白姫ラボとの産学共同開発によって製品化されました。確かな品質と安全性はもちろんのこと、ナノ化により、吸収・伝達力に優れた仕上がりとなっています。


ECS（エンドカンナビノイドシステム）の働き

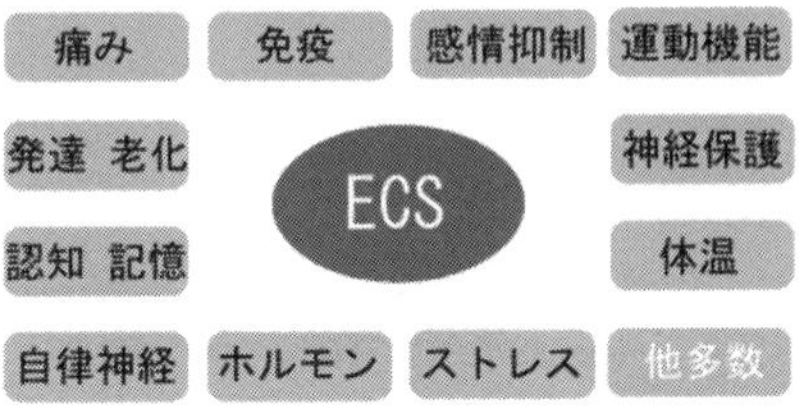

◎ CBD だけではない！ 厳選成分による作用がさらに後押し

CBD が体内で十分な働きをするためには、神経と免疫細胞の「受容体」活性化が鍵を握ります。実はこの条件が揃わないと CBD 単体では思うほど効果を上げることができないのです。
そこで、「白姫 CBD オイル evolution Ⅱ」は高純度の CBD のほか、受容体を活性化させる豊富な成分を含有。すべて ECS を高めることに集中して働くよう計算された、選りすぐりの成分です。

自然の中にいるような心地よさと開放感が あなたにキセキを起こします

神楽坂ヒカルランドみらくるの1階は、自然の生命活性エネルギーと肉体との交流を目的に創られた、奇跡の杉の空間です。私たちの生活の周りには多くの木材が使われていますが、そのどれもが高温乾燥・薬剤塗布により微生物がいなくなった、本来もっているはずの薬効を封じられているものばかりです。神楽坂ヒカルランドみらくるの床、壁などの内装に使用しているのは、すべて45℃のほどよい環境でやさしくじっくり乾燥させた日本の杉材。しかもこの乾燥室さえも木材で作られた特別なものです。水分だけがなくなった杉材の中では、微生物や酵素が生きています。さらに、室内の冷暖房には従来のエアコンとはまったく異なるコンセプトで作られた特製の光冷暖房機を採用しています。この光冷暖は部屋全体に施された漆喰との共鳴反応によって、自然そのもののような心地よさを再現。森林浴をしているような開放感に包まれます。

みらくるな変化を起こす施術やイベントが 自由なあなたへと解放します

ヒカルランドで出版された著者の先生方やご縁のあった先生方のセッションが受けられる、お話が聞けるイベントを不定期開催しています。カラダとココロ、そして魂と向き合い、解放される、かけがえのない時間です。詳細はホームページ、またはメールマガジン、SNSなどでお知らせします。

神楽坂ヒカルランド みらくる Shopping & Healing
〒162-0805　東京都新宿区矢来町111番地
地下鉄東西線神楽坂駅２番出口より徒歩２分
TEL：03-5579-8948　メール：info@hikarulandmarket.com
営業時間11：00〜18：00（１時間の施術は最終受付17：00、２時間の施術は最終受付16：00。時間外でも対応できる場合がありますのでご相談ください。イベント開催時など、営業時間が変更になる場合があります。）
※ Healing メニューは予約制。事前のお申込みが必要となります。
ホームページ：http://kagurazakamiracle.com/

神楽坂ヒカルランド
《みらくる Shopping & Healing》
大好評営業中!!

宇宙の愛をカタチにする出版社　ヒカルランドがプロデュースしたヒーリングサロン、神楽坂ヒカルランドみらくるは、宇宙の愛と癒しをカタチにしていくヒーリング☆エンターテインメントの殿堂を目指しています。カラダやココロ、魂が喜ぶ波動ヒーリングの逸品機器が、あなたの毎日をハピハピに！　AWG、メタトロン、音響免疫チェア、ブルーライト、ブレインパワートレーナーなどなど……これほどそろっている場所は他にないかもしれません。まさに世界にここだけ、宇宙にここだけの場所。ソマチッドも観察でき、カラダの中の宇宙を体感できます！　専門のスタッフがあなたの好奇心に応え、ぴったりのセラピーをご案内します。セラピーをご希望の方は、ホームページからのご予約のほか、メールで info@hikarulandmarket.com、またはお電話で03-5579-8948へ、ご希望の施術内容、日時、お名前、お電話番号をお知らせくださいませ。あなたにキセキが起こる場所☆神楽坂ヒカルランドみらくるで、みなさまをお待ちしております！